세계는 왜 끝없이 싸울까?

지구촌 곳곳의 분쟁 이야기

세계는 왜 끝없이 싸울까?
지구촌 곳곳의 분쟁 이야기

초판 1쇄 인쇄 2025년 1월 31일
초판 1쇄 발행 2025년 2월 14일

글 오승현
그림 이크종

펴낸곳 도서출판 개암나무(주)
펴낸이 김보경
경영관리 총괄 김수현 **경영관리** 배정은 조영재
편집 조원선 김소희 오은정 이혜인 **디자인** 이은주 **마케팅** 이기성
출판등록 2006년 6월 16일 제22-2944호

주소 서울특별시 용산구 한남대로40길 19, 4층(한남동, JD빌딩) (우)04417
전화 (02)6254-0601, 6207-0603 **팩스** (02)6254-0602 **E-mail** gaeam@gaeamnamu.co.kr
개암나무 블로그 http://blog.naver.com/gaeamnamu **개암나무 카페** http://cafe.naver.com/gaeam

ISBN 978-89-6830-857-4 73300

KC **품명** 아동 도서 | **제조년월** 2025년 2월 14일 | **사용연령** 11세 이상
제조자명 개암나무(주) | **제조국명** 대한민국 | **전화번호** 02-6254-0601
주소 서울특별시 용산구 한남대로40길 19, 4층(한남동, JD빌딩)

세계는 왜 끝없이 싸울까?

오승현 글
이크종 그림

지구촌 곳곳의 분쟁 이야기

개암나무

너의 아픔이 나의 아픔 될 때

① 팔레스타인 분쟁   ② 시리아 내전

③ 한국 전쟁   ④ 콩고 내전

제2차 세계 대전 이후 벌어진 분쟁들이에요. 이 중에서 사망자가 가장 많이 나온 분쟁은 무엇일까요? 정답은 4번, 콩고 내전입니다. 이 내전으로 600만 명이 목숨을 잃었어요. 그러나 미국 등 서방 언론은 콩고 내전에 무관심했어요. 자국의 이해관계와 무관한 문제였기 때문이지요. 이것이 국제 사회의 민낯이에요.

콩고 내전은 우리와도 관련이 있어요. 지금도 콩고민주공화국과 우간다, 르완다의 접경 지역에서는 분쟁이 계속되고 있어요. 이곳은 스마트폰이나 노트북 같은 첨단 기기에 꼭 필요한 광물인 콜탄의 주요 생산지예요. 콜탄 생산국 1위와 2위인 콩고민주공화국과 르완다는 콜탄을 차지하기 위해 끊임없이 싸우고 있어요.

지구 반대편에서 벌어지는 전쟁에 왜 관심을 가져야 할까요? 첫째는 우리

에게도 책임이 있기 때문이에요. 2022년 기준 한국은 세계 9위 무기 수출국이에요. 분쟁이 많아질수록 무기를 사려는 나라가 늘어나고, 그 결과 더 많은 무기가 만들어져요. 전쟁이 끝나도 무기는 그대로 남아 새로운 갈등을 부추기지요. 세상이 이어져 있듯 평화 역시 연결되어 있어요.

2018년, 제주도로 입국한 예멘인 549명이 난민 신청을 했어요. 많은 한국인이 난민 수용에 반대했지요. 하지만 예멘 전쟁은 우리와 무관하지 않아요. 한국이 중동 지역에 수출한 전차, 미사일, 수류탄 같은 무기가 예멘 전쟁에서 쓰였거든요. 우리가 판 무기가 예멘인들을 고향에서 쫓아낸 거예요.

둘째는 우리도 전쟁으로 고통을 받을 수 있기 때문이에요. 우리가 어려운 상황에 처했을 때 아무도 관심을 주지 않는다면 어떨까요? 안 그래도 힘든데, 무관심이 더해진다면 더욱 견디기 힘들 거예요. 그래서 우리는 세계를 더욱 잘 알아야 해요. 호기심을 채우기 위해서가 아니라 연대하고 돕기 위해서 말이에요.

고통받는 이웃에게 관심을 가지는 일은 인간의 의무가 아닐까요? 프랑스 철학자 시몬느 베이유는 "불행한 사람을 주의 깊게 바라보고, 무슨 힘든 일이라도 있는지 물어보는 힘에 인간다움이 있다"고 했어요. 타인의 고통을 외면하지 않고 도움의 손길을 내밀 때, 우리는 인간일 수 있어요. 많은 사람이 "너의 아픔이 결국 나의 아픔이다"라고 깨닫는다면, 전쟁은 사라질 거예요.

오승현

차 례

작가의 말 4

분쟁의 중심은 어디일까요? 8

분쟁 이해하기

분쟁이 뭘까요? 12

왜 분쟁이 일어날까요? 21

땅과 바다를 둘러싼 갈등

러시아와 우크라이나는 왜 싸울까요? 32

여러 지역의 영토 분쟁 41

왜 무인도를 탐낼까요? 50

종교·민족 간의 대립

이스라엘과 팔레스타인은 공존할 수 있을까요? 62

세 나라가 줄다리기하는 지역, 카슈미르 74

소수 민족 탄압 83

세계 곳곳의 내전

시리아 내전   92

아프리카의 내전   103

구불구불한 국경선의 비밀   113

미래 갈등

미국과 중국의 패권 전쟁   124

자원을 차지하려는 경쟁   133

기후 변화가 분쟁을 부추겨요   142

분쟁을 넘어서

분쟁이 남긴 상처   152

평화롭게 살고 싶어요   160

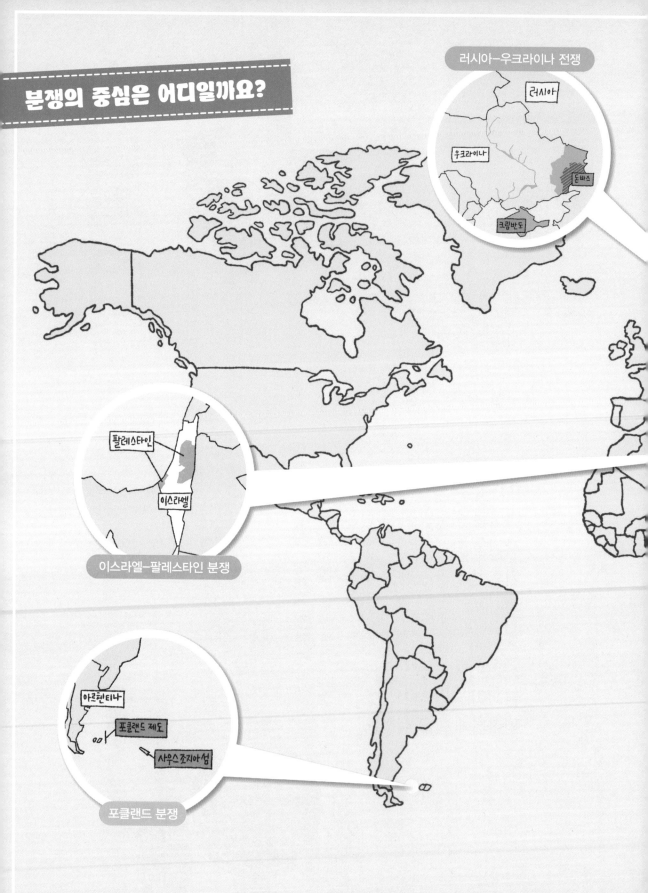

분쟁의 중심은 어디일까요?

러시아–우크라이나 전쟁

러시아
우크라이나
돈바스
크림반도

팔레스타인
이스라엘

이스라엘–팔레스타인 분쟁

아르헨티나
포클랜드 제도
사우스 조지아 섬

포클랜드 분쟁

카슈미르 분쟁

중국 관할 카슈미르

파키스탄 관할 카슈미르

인도 관할 카슈미르

파키스탄

중국

인도

방글라데시

중국-대만 분쟁

중국

마카오

홍콩

대만

미얀마 로힝야 분쟁

방글라데시

미얀마

라카인주

로힝야족 거주

콩고 내전

르완다

콩고 민주공화국

수단-남수단 분쟁

수단

남수단

분쟁 이해하기

#분쟁의종류 #분쟁지역 #분쟁발생이유

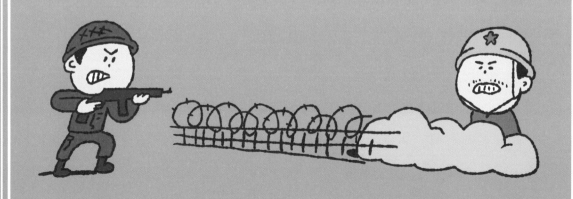

분쟁이 뭘까요?

분쟁(紛爭)은 한자어로 풀면 '어지러운 다툼'이에요. 이것만으로는 분쟁의 뜻을 정확히 이해하기 어렵죠? 분쟁은 나라끼리 싸운다는 점에서 전쟁과 비슷하지만, 전쟁까지 발전하지 않은 상황을 뜻해요. 국가 간 무력 충돌 또는 충돌 위기, 긴장 상태 등을 통틀어 말하죠. 한국 전쟁 이후 한반도에서 발생한 무력 충돌을 전쟁이라고 부르지 않는 것처럼 말이에요. 분쟁은 이런 상황까지 모두 포함하는 개념이에요.

분쟁과 전쟁, 어떻게 다를까요?

분쟁은 그 강도에 따라 잠재 분쟁, 대립 분쟁, 무력 분쟁으로 나눌 수 있어요. 잠재 분쟁은 한쪽만 으르렁거리고 다른 쪽은 별 반응이 없는 상태예요. 예를 들어 우리 정부는 공식적으로 독도를 영토 분쟁 지역으로 인정하지 않아요. 그러나 일본은 계속 분쟁화를 시도하죠. 이러한 상황이 잠재 분쟁이에요. 대립 분쟁은 잠잠하던 한쪽이 맞서면서 갈등이 본격화하는 단계예요. 만약 일본이 독도에 자국 군함을 정박한다면 어떻게 될까요? 우리 정부도 가만있지 않겠죠. 대립 분쟁이 되는 거예요.

잠재 분쟁	한쪽이 위협하거나 적대감을 드러내지만, 다른 쪽은 별다른 반응을 보이지 않는 상태.
대립 분쟁	양측이 서로 맞서며 갈등과 긴장이 높아지는 단계.
무력 분쟁	대립이 심해져 양측이 무기를 사용하며 물리적으로 충돌하는 단계.

|강도에 따른 분쟁의 종류|

대립 분쟁에서 무기를 들고 싸우면 무력 분쟁으로 발전해요. 초기에는 무력을 사용하겠다고 상대를 위협하고, 크고 작은 군사적 충돌을 빚어요. 그러다가 전쟁으로 이어져요. 때로는 위협 단계에서 곧장 전쟁으로 번지기도 해요. 무력 분쟁은 무력의 강도와 범위에 따라 전면전, 국지전, 게릴라전, 폭동·테러 등으로 나뉘어요. 전면전은 전쟁이 분명해요. 그럼 국지전과 게릴라전도 전쟁일까요? 규모에 따라 달라요. 일반적으로 1년에 1,000명 이상의 사망자를 낸 무력 충돌을 전쟁이라고 해요. 사망자에는 군인뿐 아니라 일반인도 포함돼요.

분쟁은 주체에 따라 내분형, 국제형, 혼합형으로 나눌 수도 있어요. 내분형은 정부와 반정부 세력 간의 분쟁으로 한 국가 내에서 발생해요. 흔히 내전이라고 부르죠. 국제형은 둘 이상의 국가 사이에서 일어나는 분쟁이에요. 혼합형은 내분형과 국제형이 같이 나타나요. 내분형 분쟁에 제3국의 정부나 무장 세력이 개입하는 상황이죠. 흔히 '국제화된 내전'이라고 불러요. 대륙별로 보면 아프리카는 내분형,

아시아는 국제형, 중동은 혼합형 분쟁이 자주 일어나요.

1991년 전까지 분쟁은 주로 영토나 이념 갈등 때문에 발생하는 국제형 분쟁이 많았어요. 1950년~1953년 남한과 북한 사이에 벌어진 한국 전쟁도 이념 갈등으로 인한 국제형 분쟁이었죠. 제2차 세계 대전에서 패망한 일본이 물러난 자리에 자본주의 세력인 미국과 공산주의 세력인 소련이 한반도에 멋대로 들어왔어요. 그들은 마음대로 삼팔선이라는 경계선을 정했어요. 그 결과 두 국가가 생겨났고 전쟁까지 벌어졌지요. 남북한은 전쟁이 끝난 지금도 여전히 화해하지 못하고 있어요.

한편 1991년 소련이 무너지고 냉전* 시대가 끝나면서 상황이 바뀌었어요. 국제 질서가 미국 중심으로 재편되면서 내분형 분쟁이 늘어났어요. 인종이나 민족, 종교 등의 차이로 집단 간 분쟁이 빈번히 발생했고, 대량 학살과 인종 청소라는 비극적인 일이 일어났어요. 최근에는 테러리즘*까지 가세하면서 분쟁의 형태가 세분화하고 복잡해졌어요.

얼마나 벌어졌을까요?

인류사는 전쟁의 역사예요. 인류사를 통틀어 지구상에 전쟁이 전혀 없던 날이 며칠이나 될까요? 미국 철학자 윌 듀런트는 기록된 3,421년의 역사 중 전쟁이 없었던 기간은 단 268년에 불과하다고 했어요. 그만큼 인류는 끊임없이 전쟁을 벌여 왔죠. 8세기 중국에서는 '안녹산의 난'이 일어나 3,600만 명이 목숨을 잃었어요. 이를 오늘날 인구수로 환산하면 약 4억 2,900만 명에 달해요. 13세기 몽골이 세계를 정복하면서 4,000만 명이 사망했는데, 이는 현재 인구수로 약

냉전 제2차 세계 대전 이후 미국과 소련을 중심으로 한 자본주의와 공산주의의 대립을 뜻해요.
테러리즘 정치적인 목적을 이루기 위해 폭력을 사용하는 행동이나 이를 정당화하는 사상이에요.

2억 7,900만 명에 해당하죠. 제1, 2차 세계 대전의 피해자보다 훨씬 높은 비율이에요. 제1차 세계 대전으로 약 2,000만 명이 희생되었어요. 제2차 세계 대전은 최소 7,000만 명에서 최대 8,500만 명의 희생자를 낳은 현대사 최대의 전쟁이었지요.

제2차 세계 대전 이후에는 어떤 전쟁이 있었을까요? 1950년대에는 한국 전쟁, 1960년대~1970년대에는 베트남 전쟁, 1980년대에는 이란-이라크 전쟁, 1990년대에는 보스니아 전쟁, 2000년대에는 아프가니스탄 전쟁과 이라크 전쟁 등이 일어났어요. 이 외에도 무수한 전쟁이 있었지요.

엄청난 희생을 치렀는데도 지구촌에 평화가 깃든 날은 드물었어요. 미래학자 앨빈 토플러는 1945년부터 1990년까지 2,340주 동안 지구촌에 전쟁이 없던 시기는 단 3주뿐이었다고 했어요. 매일 지구촌 어딘가에서는 전쟁이 벌어지고 있지요. 유엔난민기구(UNHCR) 자료에 따르면, 2023년 기준 전체 난민 수는 1억 1,730만 명에 이르렀다고 해요. 이스라엘-팔레스타인 전쟁이나 러시아-우크라이나 전쟁처럼 언론에서 자주 다뤄 많은 사람이 아는 분쟁도 있지만, 잘 알려지지 않은 분쟁도 여전히 많다는 걸 알 수 있죠.

2023년 1월 국제연합(UN, 이후 유엔)은 "전 세계 분쟁 수준이 제2차 세계 대전 종전 이후 최고치에 도달했다"고 발표했어요. 세계의 무력 충돌을 나타낸 그래프를 보면 1989년부터 2010년까지 분쟁이

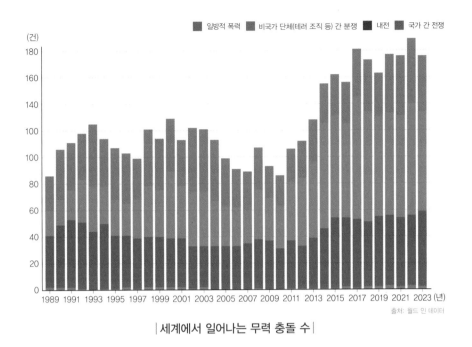

출처: 월드 인 데이터

| 세계에서 일어나는 무력 충돌 수 |

줄었다가 늘어나기를 반복해요. 하지만 2010년부터는 꾸준히 늘어나 2022년에 최고치를 기록했어요.

어디에서 벌어질까요?

스티븐 핑커 하버드대 교수는 《우리 본성의 선한 천사》에서 우리가 인류 역사상 "가장 평화로운 시대를 살고 있을지도 모른다"고 말했어요. '평화로운 시대'가 전쟁 없는 시대를 뜻하는 건 아니에요. 일상적인 폭력과 위험이 줄어들었다는 뜻이죠. 기원전 1만 4000년부터 기원후 1770년까지 이어진 원시 사회의 무덤에서 발견된 뼈를 조사해 보면, 폭력으로 사망한 사람의 비율이 평균 14~24.5퍼센트였으며, 최고 60퍼센트에 달했어요. 과거에는 노예제, 개인 간 결투, 때리는 형벌, 일상적인 고문 등 폭력의 위험이 지금보다 훨씬 컸거든요. 유럽에서는 20세기 초에 이르러 이 비율이 3퍼센트로 낮아졌고, 오늘날에는 1퍼센트에 불과해요. 특히 선진국에서는 전쟁 피해를 거의 겪지 않죠.

그렇지만 '가장 평화로운 시대'라는 진단과 달리 많은 사람이 여전히 무력 충돌로 고통받는 것도 사실이에요. 많은 개발도상국이 여전히 전쟁의 위험에 노출되어 있어요. 그중 분쟁이 가장 많은 곳은 아프리카예요. 아프리카는 종족 간 갈등이 두드러져요. 현재 아프리카에는 55개국이 있는데, 약 3,000개의 다양한 부족이 각기 다른 언어를 사용해요. 수많은 부족이 하나의 국가를 이룬 과정은 폭력적이었어요. 강대국이 마음대로 국경선을 그었거든요. 그 결과 종족 간 분쟁이 발생했고, 최근에는 자원을 둘러싼 갈등도 잦아졌어요. 아프리카의 무력 분쟁을 흔히 '잊힌 전쟁'이라고 표현하지만, 이는 적절한 표현이 아니에요. 잊히려면 먼저 기억되어야 하니까요. 아프리카의 무력 분쟁은 세계 시민의 관심을 받지 못해요. 그러니 '잊힌 전쟁'이라고 말할 수 없어요.

아시아는 동아시아(동북아시아), 동남아시아, 남아시아, 중동으로 불리는 서남아시아, 중앙아시아 등으로 나뉘어요. 동아시아에는 한국, 중국, 일본 등이 속하며, 바다를 둘러싼 영유권 분쟁이 벌어지고 있어요. 라오스, 미얀마, 베트남, 캄보디아 등이 속한 동남아시아는 인종, 언어, 종교가 다양해 갈등이 자주 일어나요. 인도반도를 포함하는 남아시아도 불교, 힌두교, 이슬람교 등 여러 종교가 혼재되어 있어 종교와 민족 간의 분쟁이 비교적 많지요. 아랍어와 이슬람교를 공유하는 서남아시아는 인종, 종교, 종파가 복잡하게 얽혀 있어 분쟁이 잦아요. '지구촌의 화약고'라고 불릴 정도예요. 반면 중앙아시아는 아시아의 다른 지역에 비해 분쟁이 적은 편이지요.

아메리카 대륙은 미국과 캐나다가 속한 앵글로아메리카와 나머지 국가가 속한 라틴아메리카로 나눌 수 있어요. 분쟁은 주로 라틴아메

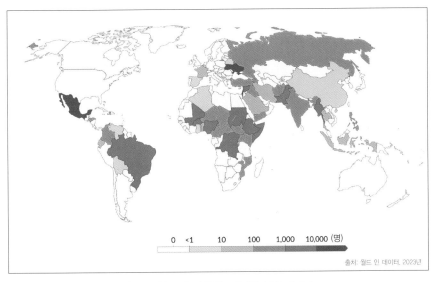

| 0 | <1 | 10 | 100 | 1,000 | 10,000 (명) |

출처: 월드 인 데이터, 2023년

| 무력 충돌이 발생한 지역별 사망자 수 |

리카에서 발생해요. 식민지 시절에 그어진 국경선이 라틴아메리카의 불안 요인이에요. 특히 이 지역에서 막대한 자원이 개발되자, 이권을 노리는 강대국들이 개입하면서 불안이 커지고 있어요. 콜롬비아–페루, 에콰도르–페루, 우루과이–브라질, 파라과이–브라질, 볼리비아–브라질 등 접경 지역에서는 언제든 심각한 분쟁이 발생할 수 있는 상황이에요.

유럽은 비교적 분쟁이 적은 지역이에요. 그중에서도 주된 분쟁은 '분리주의* 운동'에서 비롯돼요. 영국을 영어로 잉글랜드라고 하는데, 사실 잉글랜드는 영국의 일부예요. 영국의 공식 명칭은 '유나이티드 킹덤(United Kingdom)'으로 우리말로 연합 왕국이지요. 잉글랜드, 스코틀랜드, 웨일스, 북아일랜드로 구성되어 있어요. 스코틀랜드와 북아일랜드는 민족과 종교가 달라 차별과 억압을 받은 역사가 있어 분리주의가 활발해요. 특히 북아일랜드에서는 가톨릭계와 개신교계 간 내전이 벌어지기도 했지요. 스페인에서는 바스크어를 사용하는 바스크 지방과 카탈루냐어를 사용하는 카탈루냐 지방에서 분리주의 운동이 일어나고 있어요.

분리주의 특정 지역이 소속 국가에서 떨어져 나와 독립하려는 정치 운동을 말해요.

왜 분쟁이 일어날까요?

분쟁은 영토와 자원을 서로 차지하려고 하거나, 민족과 종교 등의 차이를 인정하지 않을 때 일어나요. 물론 민족과 종교가 같더라도 싸우기도 해요. 우리나라와 북한은 같은 민족인데도 70년 넘게 대치 중이에요. 이슬람 국가인 사우디아라비아와 이란은 종파 때문에 갈등을 겪어요. 사우디아라비아에는 수니파가 많고, 이란에는 시아파가 많거든요. 함께 어울려 살 수 있는데도 작은 차이를 인정하지 않은 결과예요.

영토·자원을 두고 다퉈요

삶은 땅 위에서 이루어져요. 우리는 땅 위에 집을 짓고, 땅에서 생존에 필요한 양식을 얻어요. 삶은 모두 땅을 매개로 이루어진답니다. 우리는 땅에서 서로의 영역을 정하며 살아왔어요. 국가를 구성하는 요소 중 하나가 '영토'인 것도 이 때문이지요. 영토는 한 나라의 주권이 미치는 땅이에요. 우리나라의 영토는 한반도와 부속 도서로 이루어져 있어요. 인류사에 기록된 수많은 전쟁은 대체로 땅을 둘러싼 전쟁이었어요. 인류는 더 많은 땅을 차지하려고 싸웠고, 이 싸움은 지금도 계속되고 있어요.

영토를 두고 벌어지는 분쟁을 영역 분쟁이라고 해요. 두 발로 다니는 땅만 영토가 아니에요. 하늘과 바다도 영토에 속해요. 대한민국 영토 위의 하늘 역시 우리 영토예요. 이를 '영공'이라고 하죠. 다른 국적의 비행기가 우리 영공을 지나가려면 우리 정부의 허락을 받아야 해요. 영토에서 22킬로미터 안에 있는 바다도 우리나라 영토예요. 이를 '영해'라고 불러요. 섬도 우리 영토예요. 본토에서 멀리 떨어졌어도 그 섬에서 22킬로미터 안의 바다 역시 우리 영해지요.

영역 분쟁은 일반적으로 국경선이 분명하게 정해지지 않았을 때 일어나요. 국가 간에 특정 영토에 대해 주장이 맞부딪치거나(인도와 파키스탄의 카슈미르 분쟁), 국경선을 정하는 과정에서 의견이 다를 때(중국과 인도의 국경 분쟁) 그렇죠. 또한 한 국가가 다른 국가의 영역을 무단으로 점령하거나(영국과 아르헨티나의 포클랜드 전쟁) 국가 내에서 소수 민족이 독립하려고 할 때(중국과 신장 위구르족의 분쟁)도 발생해요.

영역 분쟁은 대상에 따라 영토 분쟁, 해양 분쟁, 강이나 호수 분쟁 등으로 나눌 수 있어요. 최근에는 섬과 그 주변 바다를 둘러싼 해양 분쟁이 늘고 있어요. 해상 교통의 요지와 풍부한 해저 자원을 확보하기 위해서지요. 전 세계 교역량의 78퍼센트가 바다로 운송되고, 우리나라 교역량의 99퍼센트가 바닷길을 이용하는 걸 생각하면 이해할 수 있어요. 또한 오늘날 육상 자원이 줄어들면서 해양 자원이 점점 더 중요해졌어요. 개발 경쟁이 치열해지면서 바다를 둘러싼 갈등도 늘어나고 있어요.

영역 분쟁은 자원 확보와 밀접한 관련이 있어요. 자원은 에너지, 광물, 식량, 물 등 다양한 형태로 존재해요. 자원은 국가가 생존하고 번영하는 데 꼭 필요해요. 자원을 활용해 경제를 성장시키고, 군사력을 유지하며 국민이 살아갈 수 있도록 하니까요. 문제는 이러한 자원이 한정적이라는 점이에요. 지역마다 자원의 양도 크게 차이나기 때문에 영토를 두고 다툴 수밖에 없어요. 영토를 넓히면 그 지역의 자원도 승리한 나라의 소유가 되기 때문이에요.

영역 분쟁을 해결하는 방식은 세 가지로 나눌 수 있어요. 첫째 외교적 해결, 둘째 국제 재판, 셋째 무력 사용이에요. 외교적 해결은 당사국이 직접 외교적 교섭을 하거나 제3국이 중재하여 해결하는 방

법이에요. 국제 재판은 국제사법재판소(ICJ)나 국제중재재판소(PCA)를 통해 해결하는 방법이지요. 마지막 무력 사용은 전쟁을 의미해요. 당사국 간의 군사력 격차가 클 때 가장 빨리 결론을 낼 수 있어요. 앞의 두 방식으로 원만히 해결하지 못할 때 사용하는 최후의 방법이지요.

민족·종교가 달라서 다뤄요

민족 갈등이 발생하는 경우는 크게 두 가지예요. 첫째는 같은 지역에 사는 다른 민족끼리 대립하는 경우예요. 같은 영토 안에 서로 다른 민족이 살면, 종교적·문화적·언어적 차이로 갈등이 생길 수 있어요. 민족 갈등은 보통 자기 민족이 다른 민족보다 우월해 더 큰 권력을 가져야 한다고 생각할 때 발생해요. 1930년대~1940년대 독일 나치는 게르만족(독일 민족)이 다른 민족보다 우월하다는 인종주의 이념을 내세웠어요. 유대인, 슬라브족(동유럽 민족) 등 다른 민족을 심하게 차별했지요. 이 차별은 대학살로 이어졌어요. 이를 홀로코스트라고 불러요. 강제 수용소 가스실에서 대량으로 사람을 학살하고, 총살과 강제 노동으로도 목숨을 빼앗았어요. 그 수는 자그마치 600만 명이 넘어요.

또한 오랫동안 차별과 억압을 당한 경우에도 갈등이 생겨요. 과거의 폭력을 되갚으려는 악순환이 일어나죠. 르완다 내전이 이 사례에 속해요. 소수 투치족에게 지속적으로 억압받았던 다수 후투족이 내전을 일으켰지요. 이런 경우에 오랫동안 쌓인 미움과 적대감 때문에 화해가 쉽지 않아요. 과거의 역사가 오늘날 분쟁이라는 결과로 나타나는 거예요. 투치족에 대한 깊은 원망이 결국 분쟁으로 이어졌죠. 과거 식민지였던 나라에서 일어나는 많은 갈등이 이런 배경과 관련 있어요.

둘째는 같은 민족 사이에서 일어나는 갈등이에요. 같은 민족이라도 종교나 종파가 다르면 갈등이 생겨요. 카슈미르 지방에서는 힌두교도와 이슬람교도 간의 갈등이 일어났어요. 힌두교도는 인도, 이슬람교도는 파키스탄의 지원을 받으며 대립하고 있죠. 시리아는 같은 이슬람교를 믿으면서도 소수 알라위파(시아파)와 다수 수니파가 종파가 달라서 갈등을 겪어요.

같은 민족이 서로 다른 국가에 살면서 하나의 국가를 건설하려고 할 때도 갈등이 발생해요. 강대국이 임의로 국경선을 정하면서 한 민족이 둘 이상의 국가로 나뉘는 경우에 주로 문제가 돼요. 이들이 하나의 국가를 세우는 과정에서 이들끼리, 더 나아가 주변 민족과 갈등해요.

카슈미르, 시리아 사례처럼 민족 간 갈등은 종교 차이에서 비롯되는 경우가 많아요. 종교가 다르면 문화와 풍습이 다르고, 옳고 그름을 판단하는 기준도 달라질 수 있거든요. 특히 개신교, 가톨릭교, 이슬람교, 유대교 같이 유일신을 믿는 사람이 모인 지역에서는 종교 분쟁이 일어날 가능성이 높아요. 여기에 인종, 영토, 자원 같은 정치적·경제적 갈등이 더해지면 분쟁 가능성은 더 커져요.

종교적 신념은 때로 무서운 폭력을 낳기도 해요. 예를 들어, 독일 나치 장병들의 허리띠에는 "신이 우리와 함께한다"라는 문구가 새겨져 있었어요. 17세기 유럽에서 벌어진 '30년 전쟁'은 종교 전쟁이었어요. 당시 보병장이었던 카스피어 부름프저는 자신이 수많은 사람을 죽였지만 신의 뜻을 거스르지 않았다고 믿었죠. 종교적 신념은 때로 사람들에게 잔인한 행동을 정당화하는 구실이 되었어요.

민족·종교 갈등에는 과거의 잘못이 현재까지 영향을 미치는 경우도 있어요. 타밀족과 로힝야족의 사례가 그렇죠. 영국이 인도를 식민 지배할 당시 남인도의 타밀족을 스리랑카로 이주시켰어요. 스리랑카의 원주민인 불교도 싱할리족과 힌두교도 타밀족 간에 종교 갈등이 일어났어요. 현재는 휴전 중이지만 긴장은 여전히 이어지고 있어요.

미얀마에서도 비슷한 일이 일어났어요. 영국이 미얀마를 식민 지배할 때 방글라데시의 로힝야족을 미얀마로 이주시켰고, 독립 후 미얀마인들이 종교와 언어, 외모가 다른 로힝야족을 탄압하면서 분쟁이 발생했어요.

정당한 전쟁이 있을까요?

'부당한 전쟁'과 '정당한 전쟁'이 있어요. 나라가 위험에 처했을 때 가만히 있어야 할까요? 맞서 싸워야 해요. 폭력은 나쁘지만 때때로 불가피하기도 해요.

유엔 헌장은 정당한 전쟁을 두 가지로 규정해요. 첫째, 주권이 침해될 경우 자기 방위를 위해 무력을 사용할 수 있어요(제51조). 즉 다른 나라의 침략에 맞서 방어하는 전쟁은 정당해요. 둘째, 어떤 나라가 국제법을 위반해서 유엔 안전보장이사회(안보리)가 무력 사용을 승인하면 정당한 전쟁이에요(제42조).

물론 그렇다 해도 전쟁은 최대한 피해야 해요. 제1차 세계 대전에 참전했던 영국 시인 지그프리드 사순은 1917년 한 신문에 이렇게 썼어요. "내가 방어전이라고 생각하고 참전했던 이 전쟁은 이제 침략전이자 정복전으로 변질되었습니다." 불의한 침략에 맞서 자국민의 생명과 자유를 지키려고 시작한 방어 전쟁조차 끔찍한 결과를 낳을 수 있어요. 그러므로 전쟁은 가능한 한 피하는 게 최선이에요.

프랑스 철학자 장 폴 사르트르는 식민 지배에 저항하는 민족 해방 전쟁도 정당하다고 봤어요. 제2차 세계 대전이 끝난 직후인 1945년 10월, 영국 맨체스터에서 열린 제5차 범아프리카 회의에 조국 독립을 쟁취하려는 젊은 아프리카인이 대거 모였어요. 이 회의에서 아프리카의 독립과 자유를 위한 중요한 결정이 내려졌어요. 회의에 모인 아프리카의 미래 지도자들은 다음과 같이 선언했어요.

우리 대표들은 모든 민족이 스스로 통치할 권리가 있다고 믿습니다. 모든 식민지는 외세의 지배로부터 자유로워야 합니다. 식민지 국민은 외세의 제한 없이 자기 정부를 선출할 권리가 있습니다. 우리는 식민지 국민이 이러한 목적을 위해 모든 수단을 써서 싸워야 한다고 생각합니다.

두 차례의 세계 대전으로 유럽의 힘이 약해지고 국제 정치의 흐름이 냉전 체제로 바뀌면서 더는 식민 지배가 지속될 수 없었어요. 식

민지 국민들의 저항도 중요한 역할을 했죠. 하지만 식민주의가 곧바로 끝나지는 않았어요. 영국은 시대의 변화를 인식하고 이에 순순히 따랐지만, 프랑스, 네덜란드, 벨기에는 끝까지 식민지를 유지하려고 했어요. 이에 따라 식민지 해방 전쟁이 일어났어요. 식민지 해방은 거스를 수 없는 대세였지요. 1960년대에 이르러 대부분의 식민지가 해방되었어요.

제국주의 시대에 식민 지배를 받은 역사가 현재 세계 곳곳에서 벌어지는 많은 분쟁의 원인이에요. 영국은 한때 '해가 지지 않는 나라'로 불릴 정도로 전 세계에 걸친 대제국이었어요. 영국의 식민지였다가 독립한 나라가 무려 56개국이나 돼요. 그로 인한 피해는 한두 가지가 아니에요. 인도와 파키스탄 간의 카슈미르 분쟁, 이스라엘과 팔레스타인 간의 분쟁, 미얀마의 로힝야족과 버마족 간의 분쟁 등 많은 갈등의 씨앗이 영국의 식민 지배 때 뿌려졌어요.

아프리카도 예외는 아니에요. 서구 열강은 아프리카 부족의 분포를 고려하지 않고 멋대로 국경선을 그었어요. 그 결과, 같은 종족이 서로 다른 나라 국민이 되었고, 적대적인 종족이 한 나라에 속하게 되었어요. 그러니 아프리카의 각 지역에서 분리 독립을 하려고 영토 분쟁이 일어나는 것은 당연하죠.

서구 열강은 자신들의 이익을 위해 일부 소수 집단에게 권력을 주어 다수를 지배하도록 했어요. 제국주의가 물러난 뒤, 기득권을 놓지 않으려는 소수와 오랜 핍박을 앙갚음하려는 다수 사이에서 극심한 다툼이 벌어졌어요. 이것이 바로 아프리카 분쟁의 씨앗이지요. 이를 '검은 폭력, 흰 뿌리(black violence, white root)론'이라고 해요.

땅과 바다를 둘러싼 갈등

#크림반도의주인 #티베트의운명 #대만과중국

#포클랜드전쟁 #동중국해영토분쟁 #남중국해영유권

러시아와 우크라이나는
왜 싸울까요?

2022년 2월 24일 새벽, 러시아가 우크라이나를 대대적으로 공격했어요. 러시아의 기갑 부대와 공수 부대가 벨라루스, 돈바스, 크림반도 세 방향에서 공격했지만, 우크라이나의 수도인 키이우 점령에는 실패했어요. 전쟁은 현재까지 지속되고 있으며, 협상은 중단된 상태예요. 전쟁으로 우크라이나에는 많은 사상자가 발생했고, 천만 명이 넘는 피난민이 생겼어요.

왜 전쟁이 일어났을까요?

우크라이나는 유럽을 동서로 구분하는 경계에 위치해요. 지리적으로 중요하다는 이유로 몽골, 폴란드, 오스트리아, 소련 등의 지배를 받았어요. 소련은 러시아 이전에 있던 나라예요. 소비에트 연방을 줄여 부른 말이죠. 연방은 여러 나라가 모여 만들어진 큰 국가를 뜻해요. 당시 소련은 동유럽의 많은 나라를 포함하고 있었고, 우크라이나도 이에 속해 있었어요. 1947년~1991년 미국과 소련이 대립하던 냉전 시기에 우크라이나는 소련의 곡물 창고와 광공업 기지 역할을 했어요.

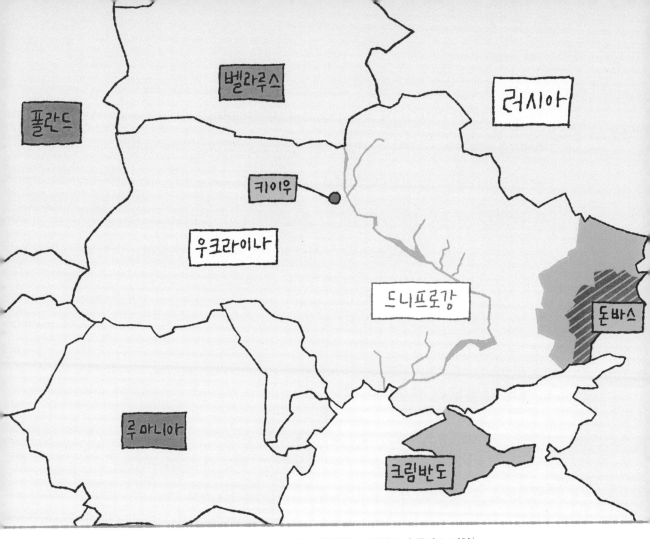

|러시아와 우크라이나가 대립하는 크림반도와 돈바스 지역|

러시아와 접한 우크라이나 동부 지역으로 많은 러시아인이 이주해 왔어요. 반면 우크라이나 서부 지역은 소련의 차별을 받아 반러 정서가 강하게 남아 있었죠. 그렇게 드니프로강을 중심으로 서쪽은 우크라이나 문화권, 동쪽은 러시아 문화권이 형성되었어요.

그러다 1991년 소련이 붕괴하면서 우크라이나를 포함한 동유럽 국가들이 독립했어요. 러시아인이 이주한 상태에서 독립을 맞다 보니 우크라이나에는 우크라이나어를 쓰는 사람과 러시아어를 쓰는 사람이 함께 살고 있어요. 우크라이나 인구 가운데 우크라이나인은 80퍼센트, 러시아인은 20퍼센트를 차지해요. 러시아와 가까운 동부 지역과 크림반도는 러시아에 우호적이고, 유럽과 이웃한 우크라이나 서부 지역은 러시아에 적대적이에요. 이렇게 우크라이나는 친러파와 반러파로 나뉘게 되었답니다.

전쟁의 발단이 된 2014년

우크라이나는 오랫동안 친러파와 '친서방*' 성향의 반러파가 대립해 왔어요. 이 갈등은 대통령 선거 때마다 불거졌지요. 2014년, 크림반도에서 갈등이 커지자, 러시아는 크림반도에 거주하는 러시아인을 보호한다는 구실로 군대를 보내 크림반도를 강제로 병합했어요.

왜 크림반도가 중요할까요? 러시아는 겨울에 대부분의 항구가 얼어 버릴 정도로 매우 추운 나라예요. 겨울에 전쟁이 벌어지면, 항구가 얼어 전함을 띄울 수 없다는 문제가 있죠. 그래서 러시아는 1년 내내 얼지 않는 항구, 즉 '부동항(不凍港)'을 확보하는 것이 중요해요.

친서방 미국과 유럽 같은 서방 국가의 자유주의와 민주주의를 지지하는 성향을 뜻해요.

크림반도는 부동항이자, 해군 거점으로서 중요한 역할을 했죠.

크림반도는 지중해로 군사력을 확장할 수 있는 중요한 위치에 있어 '전략적 요충지'로 불려요. 또한 흑해에 접해 있어 소련이 지중해는 물론 대서양까지 세력을 넓히는 데 핵심 통로 역할을 했지요. 그래서 크림반도의 항구 도시 세바스토폴에는 러시아의 흑해 함대 기지가 자리 잡고 있어요. 이러한 전략적 가치 때문에 크림반도를 둘러싼 갈등은 19세기부터 치열했어요. 대표적인 예로 1853년~1856년에 러시아와 영국, 프랑스 등이 벌인 크림 전쟁이 있죠.

크림반도의 영유권은 복잡한 문제예요. 원래 크림반도는 소련 영토였지만, 1954년에 당시 소련 서기장이었던 흐루쇼프가 우크라이나에 넘겨주었어요. 당시에는 우크라이나가 소련 연방 국가라서 큰 문제가 되지 않았거든요. 그러나 1991년, 우크라이나가 소련에서 독립하고 크

림반도가 우크라이나 영토로 남으면서 갈등의 불씨가 되었어요.

러시아가 크림반도를 차지한 2014년, 우크라이나 동부 돈바스에서도 러시아계 '도네츠크 인민공화국'과 '루간스크 인민공화국'이 분리 독립을 선언하며 우크라이나 정부군과 충돌했어요. 동부 지역에 친러파가 많다 보니 반군이 세력을 키웠고, 반러파 정권에 맞서 내전을 일으켰어요. 그런데 이 반군은 사실상 러시아군과 다르지 않았어요. 러시아가 이들을 적극 지원했기 때문이에요. 따라서 2014년에 일어난 이 충돌은 우크라이나와 러시아 간의 대리전으로 볼 수밖에 없어요. 그러니 현재 진행 중인 전쟁 역시 갑자기 벌어진 일이 아니에요. 오래진부터 이어져 온 갈등의 연장선이에요.

나토에 가입하려는 우크라이나

우크라이나는 2000년대 중반부터 북대서양조약기구(NATO, 이후 나토) 가입을 추진했어요. 러시아가 크림반도를 병합하자 우크라이나의 나토 가입 의지는 더욱 강해졌죠. 나토는 미국과 서유럽 국가들이 소련의 위협에 대응하기 위해 만든 군사 동맹으로, 1949년에 미국, 캐나다, 영국, 프랑스 등 12개국이 설립했어요.

우크라이나의 나토 가입 시도는 이번 전쟁의 주요 원인 중 하나예요. 우크라이나가 나토에 가입하면 나토의 '집단 방위 원칙'에 따라 모든 회원국이 우크라이나를 지원해요. 이 원칙은 '북대서양 조약' 제5조에 명시되어 있어요. 나토 회원국이 외부로부터 공격을 당하면, 이를 모든 회원국에 대한 공격으로 간주해 함께 대응한다는 내용이에요.

러시아는 우크라이나의 나토 가입을 심각한 위협으로 여겨요. 우크라이나, 벨라루스 등이 유럽과 러시아 사이에서 완충 역할을 하는데, 우크라이나가 나토에 가입하면 나토 회원국과 러시아가 직접 국경을 맞내게 돼요.

이게 왜 문제일까요? 나토 측 미사일을 우크라이나에 배치할 수 있다는 의미이며, 이는 러시아에 치명적인 위협 요인이기 때문이에요. 이를테면 우크라이나 동부 하르키우나 중부 도니프로에서 미사일을 발사하면 러시아 수도인 모스크바까지 7분~10분 만에 도달하거든요. 이처럼 나토 가입국과 거리가 가까워질수록 미사일의 비행 시간이 짧아져 러시아에 큰 위협이 되지요.

물론 이는 러시아의 입장이에요. 우크라이나는 자국 안보를 위해 나토 가입이 필요하다고 판단했어요. 우크라이나의 결정을 러시아가 막을 권리도 없죠. 안보를 위해 어느 나라와 동맹을 맺을지 결정할 권리는 엄연한 주권국인 우크라이나에 있기 때문이에요.

전쟁을 끝내야 해요

두 나라의 군사력만 보면, 러시아-우크라이나 전쟁은 금방이라도 끝날 것으로 예상됐어요. 러시아는 세계에서 두 번째로 강력한 군사 강국이거든요. 하지만 우크라이나가 강하게 저항하고 미국과 서방 국가들이 우크라이나를 전폭적으로 지원하면서 예상이 빗나갔어요. 전쟁은 서방 국가와 러시아의 대리전처럼 전개되었죠. 2024년 기준 서방 국가와 국제기구가 우크라이나에 지원한 금액은 약 237조 원에 달했는데, 그중 3분의 1이 군사 지원이었어요. 이는 러시아의 한 해

너희라도 안전한 나라로 가라.

국방 예산과 맞먹지요.

이 전쟁으로 많은 사람이 고통을 겪고 있어요. 러시아는 주요 에너지 생산국으로, 원유와 천연가스 등을 세계 곳곳에 공급해요. 우크라이나는 세계 주요 곡물 수출국으로, 밀, 보리, 옥수수 등을 생산하죠. 두 나라의 전쟁 탓에 국제 유가와 곡물 가격이 크게 올랐어요. 2022년 이후 전 세계 물가가 상승한 원인이기도 해요.

우크라이나 국민의 고통도 이루 말할 수 없어요. 2023년 기준 전쟁으로 약 1,800만 명이 집을 떠나야 했어요. 그중 800만 명은 유럽으로 피난을 갔고, 650만 명은 우크라이나 내 다른 지역에 머물고 있어요. 유럽으로 피난 간 800만 명 중 86퍼센트는 여성과 어린이였어요. 유엔난민기구(UNHCR)는 러시아-우크라이나 전쟁으로 "2차 세계 대전 이후 유럽에서 난민 규모가 가장 빠르게 늘어나고 있다"고 했어요.

이 전쟁에서 우리가 배워야 할 교훈은 우방국*이라고 해서 완전히 신뢰해서는 안 된다는 점이에요. 우크라이나는 미국과의 군사 협력을 믿고 섣부르게 나토 가입을 추진했어요. 그러나 미국은 러시아의 우크라이나 침공 이후 전쟁 물자를 지원할 뿐 군사 개입은 하지 않았죠. 결국 전쟁의 가장 큰 희생자는 우크라이나 국민이에요. 우리나

우방국 서로 우호적이고 협력적인 관계를 맺은 나라를 말해요.

라도 남북한이 대치하는 상황인 만큼 이 교훈을 되새길 필요가 있어요. 전쟁이 빌어시면 실제로 피해를 보는 건 바로 우리 국민이에요.

✔ 분쟁의 역사 한눈에 보기

1954년	1991년	2014년	2022년
– 크림반도 우크라이나 편입	– 소련 붕괴 – 우크라이나 독립	– 러시아, 크림반도 병합	– 러시아, 우크라이나 침공

여러 지역의 영토 분쟁

영토는 국가의 자원, 안전, 경제를 지키는 중요한 요소예요. 영토를 넓히면 더 많은 자원과 전쟁이나 무역에 유리한 전략적 요충지를 확보할 수 있어요. 영토는 국가가 생존하고 번영하는 데 필수적인 요소이기 때문에 전 세계적으로 영토 분쟁이 끊이지 않는 거예요.

중국과 인도 간의 국경 갈등

핵무기를 가진 중국과 인도 사이에 벌어진 '몽둥이 전투'에 대해서 들어 본 적 있나요? 중국과 인도가 벌인 무력 충돌 중 하나예요. 두 나라의 경계선은 3,379킬로미터에 달해, 그동안 충돌이 자주 일어났어요. 2020년에 일어난 몽둥이 전투에서는 중국과 인도 군인 20여 명이 사망했어요.

중국은 1960년 미얀마를 시작으로 네팔(1961년), 북한(1962년), 몽골(1962년), 아프가니스탄(1963년), 파키스탄(1963년) 등과 국경 조약을 체결했어요. 이후 1990년대에는 러시아(1991년, 동쪽 지역 추가 협정

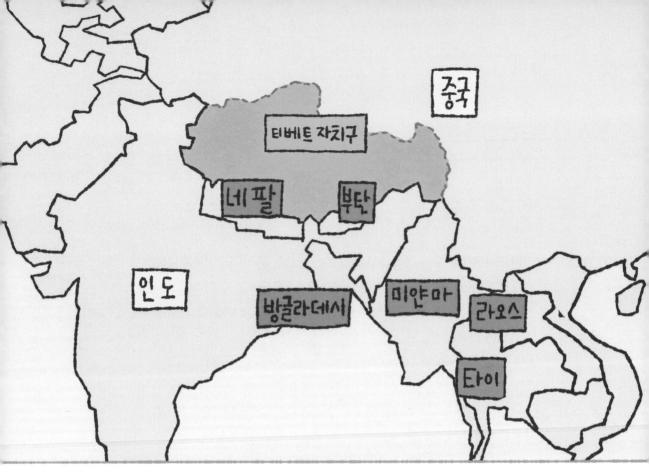

|국경이 맞닿게 된 중국과 인도|

2005년), 라오스(1991년), 카자흐스탄(1994년), 키르기스스탄(1996년), 베트남(육상 국경만 1999년), 타지키스탄(2002년)과 국경선을 확정했어요.

그러나 중국은 인도, 부탄과는 아직 국경 조약을 맺지 않았어요. 인도가 영국 식민지이던 시절, 영국은 히말라야산맥을 제대로 측량하지 않고 국경선을 그었어요. 그래서 중국과 인도의 국경선에는 양국이 다툴 여지가 있는 애매한 구간이 많지요.

1951년 중국이 히말라야산맥에 위치한 티베트를 점령하면서 중국과 인도는 국경선이 맞닿게 됐어요. 현재 티베트 자치구의 면적은 약

122만 제곱킬로미터로, 우리나라의 12배 크기이며 중국 영토의 약 20퍼센트를 차지해요. 중국과 인도 사이의 이토록 넓은 땅이 중국 차지가 되자, 인도는 중국과의 완충 지대가 사라진 것에 불만을 품었어요. 반면 중국은 자국 영토를 확장했을 뿐만 아니라 인도가 자국 영토에 쉽게 진입하지 못하도록 막는 효과를 얻었어요.

1962년, 처음으로 중국-인도 전쟁이 발발했어요. 두 나라 사이에 위치한 히말라야산맥 일대의 국경 설정 문제를 놓고 전투가 벌어졌죠. 모호한 국경선 외에 또 다른 갈등 요인이 있었어요. 1959년 티베트에서 반중국·반공산주의를 외치며 봉기가 일어났을 때, 티베트의 종교 지도자 달라이 라마가 인도로 망명했고, 인도가 그에게 은신처를 제공한 것이 문제가 되었어요. 결국 크고 작은 충돌이 이어지다가 1962년 전쟁으로 치달았고, 군사력이 약했던 인도가 크게 패했어요. 그 후 인도는 중국의 티베트 재합병을, 중국은 네팔과 부탄을 인도의 관리하에 두는 것을 서로 묵인했어요.

오늘날 인도와 중국의 국경 지대는 군사적으로 소강상태를 유지하고 있어요. 1980년대 이후 양국 지도자가 상대국을 방문하며 우호적인 분위기를 보였지요. 그러나 2006년부터 관계가 다시 악화되기 시작했어요. 인도와 미국의 관계가 급속히 가까워지자, 중국이 이를 견제하려고 국경 문제를 다시 꺼냈기 때문이에요. 국경선이 아직도 확정되지 않았으니 갈등은 언제든 다시 일어날 수 있어요.

중국과 대만의 대만 해협을 둘러싼 갈등

1927년~1949년 중국에서는 중국 재건을 둘러싸고 국민당과 공산당 사이에 국공내전이 벌어졌어요. 1949년, 내전에서 패한 국민당이 대만으로 본거지를 옮기면서 중국과 대만 간의 갈등으로 이어졌어요. 중국은 대만을 중국에 속한 하나의 행정 구역으로 여겨 통일해야 한다고 생각해요.

1949년 고령두 전투, 1954년 제1차 대만 해협 위기, 1958년 제2차 대만 해협 위기 등 '대만 해협*'을 중심으로 양측의 육해공군이 맞붙는 국지전*이 여러 차례 벌어졌어요.

| 대만 해협을 사이에 두고 대립하는 중국과 대만 |

중국 정부는 '일국양제(一國兩制)'를 통일 정책으로 정했어요. 말 그대로 '하나의 국가와 두 개의 체제'를 뜻하지요. 중국 정부는 홍콩, 마카오, 대만이 모두 중국의 일부이며 중국에서 떼어 낼 수 없다고 봐요. 다만, 중국 대륙의 사회주의 체제와 홍콩, 마카오, 대만의 자본주의 체제가 다르다는 점은 인정했죠. 그래서 중국이라는 하나의 국가 아래에 중앙 정부는 사회주의를 지키고, 홍콩, 마카오, 대만은 자본주의를 유지하고자 했어요.

중국은 "일국양제는 대만 문제를 해결하고 평화적인 통일을 실현하는 최적의 방식"이라고 주장하며, 중국과 대만이 공존할 방법을 찾아야 한다고 강조해요. 반면, 대만 정부는 1997년 중국에 반환된 홍콩을 언급하며 "일국양제는 홍콩에서 이미 실패한 정책"이라고 반박하지요. 홍콩처럼 중국의 통제를 받을 수 없다는 입장을 분명히 하며, 국제 사회의 지지를 호소하고 있어요.

대만은 1949년 이후로 70년 넘게 정치적·군사적·이념적으로 중국과 대립해 왔어요. 대만 국민은 현재 상태를 유지하길 바라며, 대만의 미래는 대만 국민이 결정해야 한다고 생각하죠. 이에 불만을 가진 중국은 대만 영토 주변에서 무력시위를 벌이고 있어요. 대만 영해 주변에 미사일을 쏘거나 해상을 봉쇄하고, 때로는 중국 전투기가

해협 육지 사이에 끼어 있는 좁고 긴 바다를 뜻해요.
국지전 특정 지역이나 한정된 범위에서만 벌어지는 전쟁이에요.

대만과 중국 사이의 중간선을 넘어 대만의 방공 식별 구역에 진입하지요. 대만 해협을 둘러싼 긴장은 날로 고조되고 있어요.

✅ 분쟁의 역사 한눈에 보기

1949년	1954년	1958년
– 국공 내전, 국민당 패배 – 고령두 전투	– 제1차 대만 해협 위기	– 제2차 대만 해협 위기

아르헨티나와 영국의 포클랜드 제도를 둘러싼 갈등

남대서양에 위치한 포클랜드 제도는 면적이 약 1만 2,173제곱킬로미터로, 전라남도와 비슷해요. 포클랜드 제도에서 가장 가까운 나라는 640킬로미터 정도 떨어진 아르헨티나지만, 무려 약 1만 2,000킬로미터나 떨어진 영국이 포클랜드 제도를 실효 지배*하고 있어요.

포클랜드 제도를 둘러싼 갈등은 16세기로 거슬러 올라가요. 영국과 스페인은 각각 자신들이 먼저 포클랜드 제도를 발견했다고 주장했어요. 하지만 결론이 나지 않은 사이, 1816년 아르헨티나가 스페인에서 독립하면서 포클랜드 제도의 영유권을 넘겨받았다고 주장하며 갈등이 본격화되었어요. 실제로 1820년~1833년까지 아르헨티나가 포클랜드 제도를 통치했는데, 1833년 영국이 해군력을 동원해 아르헨티나 주민을 내쫓고, 이후 실효 지배를 이어 왔어요.

아르헨티나와 영국은 1973년부터 영유권 협상을 시작했지만, 별다른 성과 없이 1982년 2월 협상을 종료했어요. 같은 해 4월, 아르헨티나는 기습적으로 포클랜드 제도를 침공했어요. 4월 2일, 아르헨티나군은 약 2,500명의 병력을 동원해 포클랜드 제도에 상륙했어요. 당시 80여 명에 불과했던 영국 수비대를 손쉽게 제압하고, 불과 이틀

실효 지배 특정 지역을 실제로 관리하고 지배하는 상태를 말해요. 예를 들어, 우리나라는 독도를 실효 지배해요. 독도는 우리나라 행정 구역에 속하며, 우리나라 경찰인 독도 경비대가 지킨답니다.

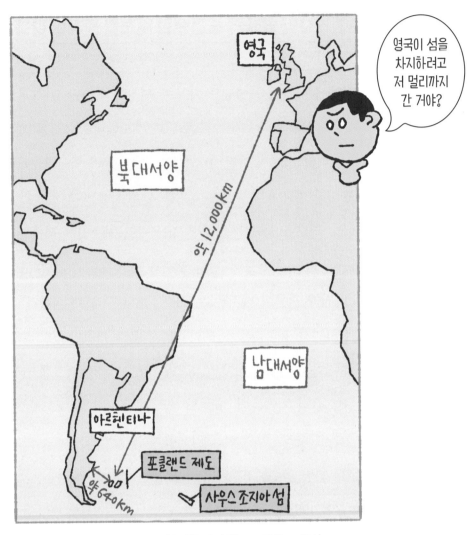

| 영국과 아르헨티나가 영유권을 주장하는 포클랜드 제도 |

만에 동남쪽 약 1,400킬로미터 떨어진 사우스조지아섬까지 확보했어요. 이후 영국은 대서양에 있던 함정과 군 병력을 투입해 반격에 나섰고, 74일간 치열한 전투 끝에 승리했어요. 그러나 전쟁으로 양국의

사상자는 수천 명에 달했지요.

전쟁 이후 아르헨티나는 영국이 포클랜드 제도를 강제 점령 후 불법 지배를 한다고 반환을 요구했지만, 영국은 최초 점유 이후 합법적 지배라고 반박했어요. 영국은 포클랜드 제도가 군사적·지정학적 요충지로서 전략적 가치가 크다고 보았어요. 태평양과 대서양을 연결하는 남방 항로를 확보하고, 남극 대륙 개발의 전진 기지로 활용할 수 있으니까요. 또 포클랜드 제도 일대 대륙붕에는 약 2,000억 배럴의 석유와 약 200억 배럴의 천연가스가 매장되었다고 알려져 경제적 가치도 높아요.

2023년, 아르헨티나는 영국에 포클랜드 제도에 대한 주권 협상을 다시 시작하자고 제안했어요. 두 나라 간 분쟁은 언제든 다시 시작될 수 있는 상황이에요. 이 사례는 일본이 독도를 지속적으로 도발하는 상황에서 참고할 만해요. 포클랜드 제도 전쟁 당시, 영국은 단시간에 대규모 군사력을 동원해 아르헨티나의 침공을 저지했어요. 우리도 필요한 경우 즉각적이고 강력하게 대응해 우리 영토를 지켜야 해요.

왜 무인도를 탐낼까요?

동아시아에서는 사람이 살기 어려운 무인도를 둘러싼 해양 영토 분쟁이 점점 심화되고 있어요. 마실 물이나 경작지가 없는 섬, 센카쿠 열도를 두고 일본, 중국, 대만이 벌이는 분쟁이 대표적이에요. 그런데 왜 각국은 사람이 살기 힘든 무인도를 두고 싸울까요?

바닷속 자원은 누구의 것일까요?

여러 나라가 섬을 두고 다투는 이유는 섬을 차지하면 섬 주변 바다가 영해에 속하게 되기 때문이에요. 영해가 넓으면 무엇이 좋을까요? 바다에 묻혀 있는 자원을 그 나라가 차지할 수 있어요. 전쟁을 흔히 '땅따먹기'에 비유하지만, 실제로 땅을 차지하는 것만이 전쟁의 목적은 아니에요. 그 중심에는 대개 자원이 있어요. 바다에는 석유나 천연가스 같은 화석 연료뿐만 아니라 여러 광물 자원이 묻혀 있어요. 만약 그 바다가 다른 나라의 영해나 더 넓게는 배타적 경제 수역이 되면, 물고기를 마음대로 잡거나 자원을 개발할 수 없어요.

이만큼은 다 우리 거야!

200해리

배타적 경제 수역은 영해와 또 다른 개념으로, 국가가 다스릴 권한이 있는 바다예요. 육지 끝에서 200해리, 즉 약 370.4킬로미터까지의 해역이에요. 이곳은 해당 나라가 수산 자원, 광물 자원, 에너지 자원 같은 해양 자원을 탐사하고 개발할 권리를 가져요. 또한 인공섬을 만들거나 시설물을 설치해 활용할 수도 있죠. 다른 나라는 이 해역에서 경제적 권리를 주장할 수 없어요.

영해가 넓으면 그만큼 넓은 바닷길을 확보할 수 있어요. 바닷길은 무역에 꼭 필요한 해상 교통로예요. 중국의 경우, 여러 지역에서 해양 분쟁에 개입하고 있어요. 중국은 석유 대부분을 수입에 의존하는데, 중동에서 수입하는 석유가 모두 바다로 들어오다 보니 에너지 안보가 항상 위태로울 수밖에 없어요. 그래서 중국 입장에서는 해상 인진을 확보하는 것이 매우 중요해요. 중국 수변 바다에서 해양 분쟁이 커질 가능성이 높은 이유예요.

물론 다른 나라의 안보를 위협하지 않는다면 바닷길을 이용하는 데 걸림돌은 없어요. 이를 '무해 통항권'이라고 해요. 평화와 질서, 안전 등을 해치지 않으면 바다를 자유롭게 항해할 수 있는 국제적인 약속이죠. 그래서 무역선이나 유람선은 자국 영해가 아니어도 자유롭게 다닐 수 있어요. 하지만 군함이나 잠수함은 다른 나라 영해를 함부로 항해할 수 없어요. 위협이 될 수 있기 때문이에요.

때로는 군사적으로 중요한 위치를 차지하기 위해 영토를 두고 싸우기도 해요. 이러한 영토를 '전략적 요충지'라고 해요. 예를 들어, 임진왜란 당시 왜나라의 조선 침략 목표는 조선 자체가 아니었어요. 조선 영토를 발판 삼아 중국 명나라, 나아가 인도반도까지 차지하려는 야망을 품고 있었어요. 왜나라 입장에서 조선은 전략적으로 중요한 위치였던 거예요.

동중국해의 센카쿠 열도

동중국해는 중국 동쪽에 있는 바다예요. 센카쿠 열도는 동중국해

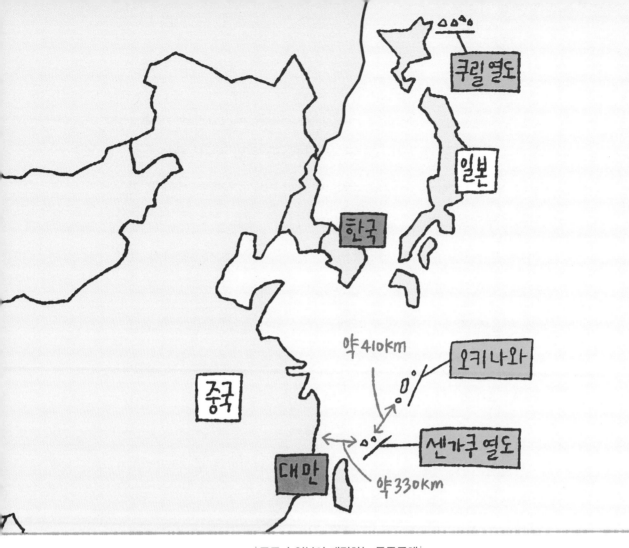

중국과 일본이 대립하는 동중국해

에 위치한 다섯 개의 무인도와 세 개의 암초로 이루어졌어요. 섬들
이 길게 늘어서 있어 '열도'라고 불리지요.

이곳은 원래 중국 영토였어요. 그러나 1894년에 청일 전쟁에서 청
나라가 일본에 패하면서 일본으로 넘어갔죠. 중국이 이곳을 되찾을
기회가 한 번 있었어요. 제2차 세계 대전이 끝난 후, 패전국 일본이
미국과 샌프란시스코 강화 조약을 체결했을 때였죠. 이 조약에서 일

본은 대만과 그 부속 도서*에 대한 모든 권리를 포기했어요. 승전국인 미국이 센카쿠 열도가 포함된 오키나와를 위임 통치*했지요. 이후 1972년, 미국이 오키나와를 일본에 돌려주면서 일본은 센카쿠 열도를 자국 영토로 편입했답니다.

센카쿠 열도는 중국이 태평양으로 진출하는 데 중요한 군사적 요충지예요. 일본, 한국, 대만에 접근하기 유리하거든요. 이 지역에 매장된 석유와 천연가스도 영해 분쟁의 주요 원인 중 하나예요. 1969년 유엔 아시아지질자원위원회(CCOP)가 동중국해 주변을 조사한 결과, 석유와 천연가스가 대량으로 매장되어 있을 가능성이 크다고 발표하면서 주변 국가 간에 갈등이 시작됐어요.

이 갈등은 한동안 잠잠하다 2010년 일본 감시선과 중국 어선의 충돌 사고로 다시 불거졌어요. 일본이 불법 어업을 이유로 중국 어선을 붙잡고 선장을 체포하자, 중국은 희토류* 수출을 중단하며 경제적 압박에 나섰지요. 희토류는 반도체, 스마트폰, 전기차 배터리 등 첨단 산업에 필수적인 자원인데, 중국은 전 세계 매장량의 약 37퍼센트를 보유한 최대 생산국이에요. 전자 제품 생산 비중이 높은 일본에 경제적 타격을 주기 위해 희토류 수출을 중단한 거였죠.

부속 도서 한 나라에 딸린 주변 섬을 뜻해요.
위임 통치 국제 사회에서 특정 지역이 자치를 수행할 능력이 없다고 판단될 때, 유엔 같은 국제기구의 승인을 받아 다른 나라가 일정 기간 그 지역을 대신 관리하는 제도예요.
희토(稀土) 희귀한 흙이라는 뜻이에요. 자연에서 찾기 어렵고 귀한 금속 원소들을 가리키지요.

중국 내에서 반일 시위도 일어났어요. 성난 시위대가 일본 기업 건물에 불을 지르는가 하면, 일본 제품을 사지 말자는 불매 운동도 벌어졌어요. 그 결과, 일본은 중국 수출량이 크게 줄었어요. 결국 일본은 중국인 선장을 풀어 주기로 결정했죠. 이후에도 두 나라 사이에 비슷한 갈등이 반복되고 있어요. 군사적 충돌이 우려될 만큼 긴장감이 높아지고 있답니다.

남중국해의 난사군도와 시사군도

남중국해는 중국 남쪽에 있는 바다예요. 중국, 대만, 베트남, 필리핀, 말레이시아, 브루나이 등 6개국이 이 바다와 인접해 있어요. 이 국가들은 남중국해에 있는 '난사군도'와 '시사군도'에 대한 영유권을 서로 주장하고 있지요. 참고로 군도는 무리를 이루고 있는 크고 작은 섬들을 뜻해요.

그중 난사군도를 둘러싼 갈등이 심각해요. 여러 나라가 이 지역을 두고 다투거든요. 난사군도는 산호섬과 수중 암초로 이루어져 있어요. 약 110억~1,600억 배럴의 원유와 190조 세제곱미터의 천연가스가 매장된 것으로 추정되지요. 구리와 주석 같은 지하자원도 풍부하고, 전 세계 어획량의 10분의 1과 무역량의 3분의 1, 해양 물류의 4분의 1이 이곳을 지나요. 만약 미국이 이 지역을 장악하면, 중국은 대서양과 태평양으로 나가는 길이 막힐 위험이 있어요.

해양 자원이 풍부하고 전략적 요충지라는 점 때문에 난사군도와 시사군도는 중국에 매우 중요해요. 베트남, 필리핀, 대만 등이 중국에 밀리지 않으려고 적극적으로 움직이고 있어요. 미국도 이 지역이 자국 이익과 깊이 관련되었다고 보고 군사력을 집중하고 있어요. 미국은 중국이 아시아 태평양에서 영향력을 강화해 세계 패권*을 노릴 수 있다고 우려해요. 2018년 5월, 미국은 태평양 사령부의 이름을 '인도-태평양 사령부'로 바꿨어요. 이는 인도, 일본과 협력해 중국의 세력 확장을 견제하려는 의도예요.

패권 국제 정치에서 경제력이나 군사력으로 다른 나라를 제압해 자기 세력을 넓히려는 힘이에요.

난사군도와 시사군도보다 북쪽에 있는 쿠릴 열도는 일본 홋카이 도와 러시아 캄차카반도 사이에 위치한 크고 작은 섬 50여 개로 이루어져 있어요. 15세기부터 원주민 아이누족이 살았고, 18세기 이후 일본인과 러시아인이 이주해 왔죠. 화산과 지진이 잦아 척박하지만, 세계 4대 어장 중 하나인 북서태평양 어장이 있어 수산 자원이 풍부해요. 해저에는 석유, 금, 황 등 지하자원이 많아 경제적 가치도 높지요. 현재는 러시아 영토로, 러시아가 태평양으로 진출할 수 있는 전략적 요충지예요. 이곳의 전략적·경제적 가치가 높아지면서 주변 나라 간의 갈등도 커지고 있어요.

|남중국해 영유권을 두고 갈등하는 6개국|

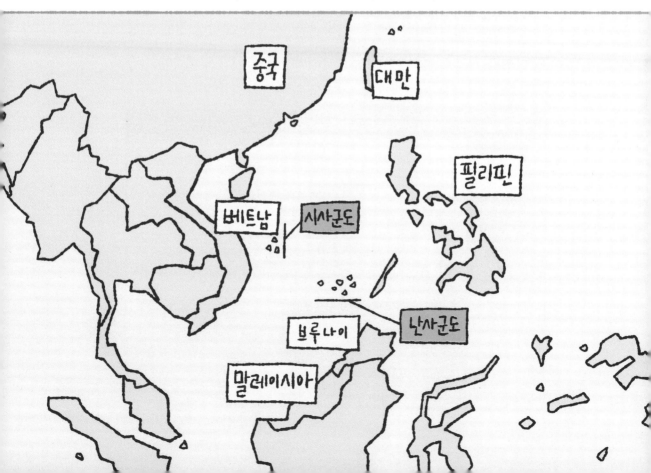

중국과 일본의 탐욕

다음 표를 보면 중국과 일본은 각각 센카쿠 열도와 시사군도를 완전히 실효 지배하고 있어요. 하지만 중국과 일본은 다른 지역에서도 분쟁을 벌이고 있죠. 두 나라는 자국이 완전히 실효 지배하지 않더라도, 부분적으로 이익을 얻기 위해 다른 나라와 영토 분쟁을 벌이고 있어요. 이렇게 보면 중국과 일본은 태평양에서 크고 작은 갈등의 중심에 서 있어요.

중국은 영토가 넓지만 해안선이 상대적으로 짧아요. 당연히 영해노 넓지 않아요. 중국 동쪽의 동중국해와 남쪽의 남중국해를 제외하면 국경이 대부분 육지에 있어요. 중국이 영해 확장에 큰 관심을 두는 이유예요. 그러나 무리한 영해 확장 시도가 오히려 영토 분쟁의 불씨가 되고 있어요. 특히 동중국해와 남중국해는 국제적인 긴장

분쟁 지역	실효 지배국	분쟁 당사국	자원
쿠릴 열도	러시아	러시아, 일본	석유, 금, 황
센카쿠 열도	일본	일본, 중국, 대만	석유, 천연가스
시사군도	중국	중국, 베트남, 대만	석유, 천연가스, 구아노
난사군도	중국, 필리핀, 베트남, 말레이시아	중국, 필리핀, 베트남, 말레이시아, 브루나이	석유, 천연가스, 구아노

|분쟁 지역과 실효 지배국|

이 계속 높아지고 있죠.

일본도 문제예요. 표에는 일본과 관련된 분쟁 지역으로 쿠릴 열도와 센카쿠 열도만 나왔지만, 우리나라 독도를 두고도 지속적으로 도발해요. 우리 정부는 독도가 영토 분쟁 지역이 아니며, 오랜 실효 지배와 역사적·지리적·외교적 자료를 바탕으로 독도가 대한민국 영토임을 명확히 해요. 따라서 독도에는 영토 분쟁이 존재하지 않는다고 강조해요.

하지만 일본 정부는 독도를 분쟁 지역으로 규정하며 도발을 멈추지 않고 있어요. 실제로 독도는 일본에 속한 적이 있어요. 1904년 러일 전쟁 때 일본은 바다에서 러시아와 해전을 벌였어요. 울릉도와 독도에 전투용 망루 등 군사 시설을 건설했지요. 그때부터 일본은 독도가 자기 영토라고 주장하고 있어요. 최근에는 독도에 대한 도발

수위를 높이고 있죠. 독도를 분쟁 지역으로 만들어서 이 문제를 국제 사법 재판소로 가져가려는 의도예요.

독도 문제를 국제 사법 재판소로 가져가면 어떻게 될까요? 우리나라에는 손해지만, 일본에는 밑져야 본전이에요. 왜냐하면, 우리는 재판에서 이겨도 달라지는 게 없기 때문이에요. 지금도 우리가 독도를 실효 지배하고 있으니까요. 반면, 재판에서 지면 일본에 독도를 내줘야 해요. 우리 땅을 빼앗기는 거죠. 따라서 독도 영유권 문제를 국제 사법 재판소로 가져갈 이유가 전혀 없어요.

만약 외국인이 "독도가 왜 대한민국 땅인가요?"라고 묻는다면, 똑 부러지게 대답할 수 있도록 세 가지 근거를 기억하세요. 첫째, 독도는 신라 시대 이사부 장군이 우산국(울릉도)을 정벌했을 때부터 우리나라 영토였어요. 15세기 ≪세종실록지리지≫에도 독도에 관한 기록이 있어요. 둘째, 독도에서 가장 가까운 섬은 울릉도로, 일본의 어떤 섬보다 훨씬 가까워요. 셋째, 독도는 현재 우리나라가 실효 지배하고 있는 섬이에요. 이렇게 세 가지 이유를 들어 독도가 대한민국 땅임을 당당히 설명하면 됩니다.

종교·민족 간의 대립

#이스라엘과팔레스타인 #카슈미르분쟁 #중국소수민족문제
#로힝야족의위기 #강대국의분할통치

이스라엘과 팔레스타인은 공존할 수 있을까요?

2023년 10월 7일, 팔레스타인 무장 단체 하마스가 이스라엘 남부에 로켓 2,500발을 발사했어요. 이어서 가자 지구의 분리 장벽을 넘어 기습 공격을 감행하고, 인질 수백 명을 납치했어요. 이에 이스라엘도 즉각 보복 공격을 시작했지요. 이 충돌로 2024년 기준, 팔레스타인과 이스라엘에서 사망자가 4만 명을 넘어섰고, 잔해에 깔려 신원을 확인할 수 없는 실종자는 1만여 명, 부상자는 10만 명에 달해요. 사망자 19명 중 3명이 어린이예요. 희생자 대부분은 팔레스타인 사람이지요.

이스라엘과 팔레스타인 분쟁의 역사

이스라엘과 팔레스타인 간의 분쟁은 오래됐어요. 1948년에 시작해 70년 넘게 이어지고 있어요. 현대사에서 가장 오래 지속된 무력 분쟁 중 하나지요. 1948년 이스라엘이 건국된 이후, 매년 수백 명의 팔레스타인 국민이 이스라엘 군경에게 목숨을 잃었어요. 팔레스타인의 테러로 이스라엘 국민도 많은 희생을 치렀어요.

이 갈등의 뿌리에는 종교가 있어요. 이스라엘인은 대개 유대교를, 팔레스타인인은 보통 이슬람교를 믿어요. 서로 다른 두 종교에는 공통점이 많아요. 둘 다 야훼(알라)를 유일신으로 섬기며 아브라함을 공동 조상으로 여기죠. 이슬람교는 유대교 경전인 《구약 성서》를 일부 인정하며, 아브라함과 모세 같은 인물을 조상으로 생각해요. 참고로 기독교도 《구약 성서》를 경전으로 삼아요. 이렇게 보면 유대교, 이슬람교, 기독교는 같은 뿌리에서 갈라져 나온 종교라고 볼 수 있어요.

그런데 왜 갈등이 생겼을까요? 공통점이 많지만, 차이점도 있기 때문이에요. 특히 '구세주' 개념이 달라요. 기독교는 예수를 구세주로 믿지만, 유대교는 예수를 구세주로 인정하지 않아요. 구세주가 아직 오지 않았으며, 언젠가 나타나 자신들을 구원할 것이라고 믿죠. 반면 이슬람교는 구세주라는 개념이 없어요. 이슬람교의 창시자인 무

| 이스라엘이 분쟁을 벌이는 가자 지구 |

함마드도 구세주가 아니라 알라의 가르침을 완성한 마지막 예언자로 여겨요. 예수도 여러 예언지 중 한 명으로 보지요. 이런 차이가 결국 갈등의 씨앗이 되었어요.

나라 없는 유대인

가자 지구는 3면이 이스라엘, 이집트, 지중해와 접해 있어요. 우리 나라 세종특별자치시와 비슷한 면적인 약 360제곱킬로미터에 230만 명이 살고 있어요. 좁은 땅에 사람이 많이 살다 보니, 세계적으로도 인구 밀집도가 높은 지역 중 하나로 알려져 있지요. 이스라엘과 팔레스타인 간의 갈등을 이해하려면 땅에 얽힌 역사를 들여다볼 필요가 있어요.

구약 성서에는 야훼가 아브라함에게 젖과 꿀이 흐르는 땅을 약속했다는 이야기가 나와요. 그 땅이 바로 '가나안'으로, 오늘날 팔레스타인과 이스라엘이 위치한 지역이에요. 기원전 1050년경, 유대인은 가나안으로 이주해 이스라엘 왕국을 세웠어요. 이스라엘의 수도 예루살렘은 유대교의 성지로, 아브라함이 아들 이삭을 제물로 바치려 했던 바위가 있었어요. 솔로몬 왕은 그 바위를 중심으로 성전을 지었고, 그곳은 유대인에게 신성한 땅으로 여겨졌어요.

시간이 흘러 기원전 63년, 이 지역은 로마 제국의 식민지가 되었어요. 유대인 대부분이 로마의 박해를 피해 가나안을 떠나 세계 각지로 흩어졌고, 이후 오랫동안 나라 없는 설움을 겪으며 살았어요. 상당수의 유대인이 유럽으로 이주했는데, 예수를 죽인 민족이라며 기독교 사회에서 박해를 받았어요. 유대인은 땅을 소유하거나 농사를 지을 수 없어서 금융업에 종사할 수밖에 없었죠. 당시 유럽에서는 고리대금업이 금지되었기 때문에 유대인들은 더욱 배척받았고, 탐욕스러운 고리대금업자로 낙인찍혔어요.

유대인에 대한 반감은 중세 유럽에서 크게 확산되었어요. 14세기 흑사병이 퍼질 당시, 유대인이 우물에 독을 넣어 전염병을 퍼뜨렸다는 근거 없는 소문이 돌았어요. 결국 유대인의 집이 불타고 많은 유대인이 살해당했어요. 이후 여러 국가에서 유대인을 추방하거나 유대인들끼리 모여 살도록 강제한 지역을 만들었는데, 이러한 지역을

'게토'라고 불러요. 제2차 세계 대전 당시, 독일 나치는 유대인 혐오를 징치적으로 이용했어요. 유대인들을 게토에 가두고, 더 나아가 가스실 등에서 유대인 약 600만 명을 학살했어요.

20세기 초까지 팔레스타인은 오스만 제국의 영토였어요. 오스만 제국은 제1차 세계 대전에서 독일과 동맹을 맺고 참전했지만, 전쟁에서 패했지요. 그 결과 오스만 제국의 영토는 영국과 프랑스로 넘어갔어요. 팔레스타인 지역도 그중 하나였지요. 1948년 독립 국가를 세우기 전까지 이 지역은 영국의 통치를 받았어요. 유대인이 떠난 땅을 2000년 넘게 지킨 사람은 이슬람교도와 기독교인이었지요. 19세기 후반부터 일부 유대인이 이 지역으로 돌아오기 시작했는데, 이는 유대인들 사이에서 그곳에 자기들만의 나라를 세우려는 움직임이 생겼기 때문이에요.

분쟁의 뿌리, 이스라엘 건국

분쟁의 책임은 영국에 있어요. 제1차 세계대전 당시, 영국은 전쟁에서 승리하기 위해 아랍인과 유대인에게 모순된 약속을 했어요. 1915년 맥마흔 선언으로 아랍 독립을 약속했지만, 1917년 밸푸어 선언에서는 팔레스타인에 유대인 국가 건설을 지지했죠. 제2차 세계대전 중 유대인 학살로 많은 유대인이 팔레스타인으로 몰려오면서 유대인 국가 건설이 앞당겨졌고, 그 결과 유대인과 아랍인 간 갈등이 시작됐어요.

1947년, 영국은 팔레스타인 문제를 유엔에 넘겼어요. 유엔은 팔레스타인 지역을 유대인 구역과 아랍인 구역으로 나누는 방안을 채택했지요. 이 결정에 유대인은 동의했지만, 아랍인은 강하게 반발했어요. 아랍권의 반대에도 불구하고, 1948년 5월 14일 이스라엘은 건국을 선포했어요.

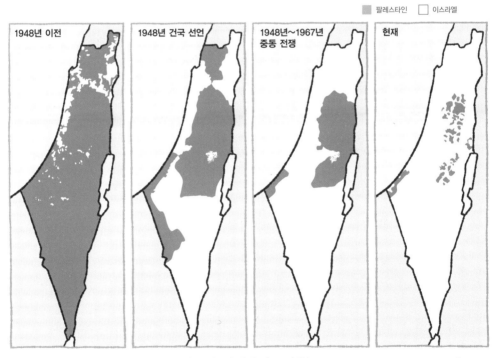

| 팔레스타인 | 이스라엘

|팔레스타인의 영토 변화|

같은 해, 이스라엘 건국에 반대했던 이집트, 시리아, 레바논, 요르단, 이라크 등 아랍권 5개국이 이스라엘을 공격했어요. 이스라엘은 이 전쟁에서 승리해 처음 분할받은 영토보다 더 많은 땅을 차지하게 되었어요. 팔레스타인 영토의 78퍼센트를 점령하고, 아랍인 75만 명을 내쫓아 이스라엘이라는 유대인 국가를 세웠어요. 그로부터 77년간 팔레스타인 지역을 점령했지요.

1948년~1973년 동안 이스라엘과 아랍 국가 사이에 전쟁이 총 네 차례 벌어졌어요. 이를 '중동 전쟁'이라고 불러요. 이스라엘은 작은 나라임에도 불구하고 강력한 군사력과 영국·미국 같은 서방 국가들의 지원 덕분에 전쟁에서 모두 승리했어요. 잇따라 승리한 이스라엘은 팔레스타인을 억압했고, 1967년 제3차 중동 전쟁 중에는 가자 지구와 서안 지구를 점령했어요. 이후 12살 어린이를 포함해 80만 명 이상의 팔레스타인인을 이스라엘 법률에 따라 감옥에 가뒀어요. 집회나 시위에 참여했거나 의견을 표현했다는 이유만으로 많은 사람이 감옥에 갇혔지요.

팔레스타인인도 가만있지 않았어요. 절망과 분노에 휩싸인 사람들이 들고 일어나 저항했어요. 이를 '인티파다(intifada)'라고 해요. 저항, 민중 봉기라는 의미지요. 1987년~1993년까지 이어진 제1차 인티파다 기간에는 시위와 폭동이 끊이지 않았어요. 그 결과 팔레스타인 자치 정부를 수립했지요. 이는 팔레스타인이 스스로 자국 문제를 해결해 미래를 결정하겠다는 의지를 보여 준 중요한 사건이에요.

세상에서 가장 큰 감옥

현재 팔레스타인은 서안 지구를 팔레스타인 자치 정부가, 가자 지구를 하마스가 다스리고 있어요. 하마스는 아랍어 'Harakat al-Muqaqama al-Islamiyya'의 줄임말로, '이슬람 저항 운동(Islamic Resistance Movement)'을 뜻해요. 학교 선생님이던 셰이크 야메드 야신이 만들었어요. 1970년대 후반 처음 창설될 때만 해도 문화 운동 중심으로 활동했어요. 그러다 1987년 제1차 인티파다를 계기로 팔레스타인 해방을 목표로 하는 무장 단체로 바뀌었어요.

2006년 하마스는 팔레스타인 의회에서 다수당이 되었어요. 그러자 이스라엘 정부는 가자 지구를 봉쇄하고 분리 장벽을 건설했어요. 이 장벽은 높이 8미터, 길이 65킬로미터에 이르는 거대한 콘크리트 구조물로, 가자 지구를 완전히 둘러싸고 있어요. 이스라엘은 하마스의 공격에서 자국민을 보호한다는 명분으로 2007년 6월부터 가자 지구를 전면 봉쇄했어요. 가자 지구로 통하는 지상·해상·공중 경로를 모두 막아서 차량, 선박, 항공기 등이 드나들 수 없어요. 가자 지구는 3면이 장벽으로, 나머지 한 면인 서쪽은 바다로 둘러싸여 완전

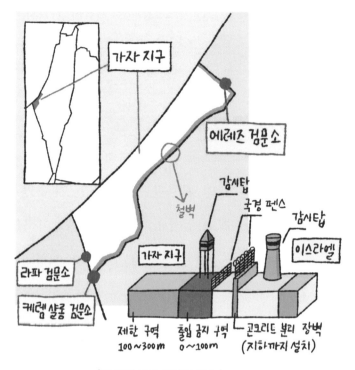

| 봉쇄된 가자 지구의 모습 |

히 고립된 상태예요. 이 장벽은 2021년 말에 완성되었어요. 이스라엘은 이를 '철벽(Iron Wall)'이라고 불렀어요.

이스라엘 매체에 따르면, 장벽 건설에 강철과 철근 14만 톤, 콘크리트 200만 세제곱미터가 사용되었고, 건설비만 약 1조 2,000억 원에 달했어요. 이 장벽을 이스라엘 측은 '보안 장벽'으로, 팔레스타인 측은 '분리 장벽'으로 불러요. 아이러니하게도 장벽 건설에 일부 팔레스타인 노동자들이 참여했어요. 자기 민족을 가두는 장벽을 자신의 손으로 지은 거예요. 생계를 위해 어쩔 수 없는 선택이었지요.

가자 지구는 현재도 봉쇄된 상태이며, 팔레스타인 주민들은 심각한 경제적·인도적 위기를 겪고 있어요. 가자 지구는 외부에서 대어 주는 전기, 수도, 생필품, 의약품 등에 의존해 생활하지요. 그런데 이스라엘이 이러한 공급을 제멋대로 통제해요. 가자 지구로 들어가는 물품을 일일이 검사하고 제한해요. 정수 시설이 가동을 멈춰 식수가 부족한 상황에도 식수 운반 차량조차 출입이 자주 막혀요. 이스라엘은 이런 조치가 하마스의 수중으로 무기가 들어가는 일을 막기 위해서라고 주장하지만, 가자 지구에는 식품, 음료, 의류는 물론 필수 의약품까지 턱없이 부족한 상황이에요. 이러한 봉쇄는 2006년부터 지금까지 18년간 이어지고 있어요.

장기간의 봉쇄로 가자 지구는 경제가 완전히 파탄 났어요. 주민들은 실업과 경제난, 생필품 부족, 극심한 식수난과 전력난에 시달려요. 국제노동기구(ILO)에 따르면, 2023년 2분기 가자 지구 실업률은 46.4퍼센트에 달했어요. 일할 수 있는 사람 중 절반이 일자리를 구하지 못한 셈이죠. 가자 지구를 빠져나올 수 있는 길은 이스라엘 쪽 에레즈 검문소와 케렘 샬롬 검문소, 이집트 쪽 라파 검문소 세 곳뿐이에요. 이 검문소들은 분쟁 상황과 정치적 요인에 따라 개방과 폐쇄를 반복해요. 그래서 구호품 반입도 어렵고, 주민들의 이동도 쉽지 않아요. 특히 가자 지구에서 이스라엘로 출근하는 노동자들은 검문소에서 몇 시간을 허비해야 하죠.

총칼을 내려놓아요

가자 지구는 거대한 '게토' 같아요. 대학살의 피해자였던 유대인은 이제 가해자가 되었죠. 2023년 3월, 이스라엘 재무장관은 지도에서 팔레스타인 마을을 지워 버리자고 주장했어요. 한때 박해받던 사람들이 이제 약자를 똑같은 방식으로 박해하는 거예요. 이스라엘은 자국민을 지킨다며 벽을 세웠지만, 그 벽이 팔레스타인을 죽이고 있어요. 데이비드 캐머런 전 영국 총리는 가자 지구를 "지붕 없는 감옥"이라고 표현했어요. 실제로 가자는 세계 최대의 감옥과 다름없어요. 주민 230만 명은 수감자처럼 갇혀 지내고 있어요.

이스라엘이 하마스를 완전히 없앨 수 있을까요? 불가능하지는 않겠죠. 하지만 하마스는 잡초처럼 다시 살아날 거예요. 가족과 친구가 무참히 죽는 모습을 목격한 아이가 자라서 또 다른 하마스가 될 테니까요. 끝없는 악순환이에요. 2022년 세이브더칠드런 보고서에 따르면, 팔레스타인 어린이의 80퍼센트 이상이 공포와 불안 속에서 살고 있다고 해요. 안토니오 구테흐스 유엔 사무총장은 "이 세상에 지옥이 있다면 지금 가자 지구 어린이들의 삶일 것"이라고 말했어요. 이 말이 그들의 고통을 여실히 보여 줘요.

파리스 오데라는 팔레스타인 소년이 있었어요. 2000년 10월 29일, 당시 15세였던 오데는 이스라엘 탱크에 돌을 던졌어요. 열흘 뒤 다시 돌을 던지다가 이스라엘 병사가 쏜 총에 맞아 숨졌어요. 전 세계에서 어린이를 군사 법정에 세우는 나라는 이스라엘이 유일해요. 12세 이상이면 군사 법정에 설 수 있어요. 2024년 4월 기준, 이스라엘군은 팔레스타인 어린이 1만 3천여 명을 감옥에 보냈어요.

폭력의 악순환을 끊어야 해요. 가두고 억누르는 방식으로는 문제를 해결할 수 없어요. 이스라엘과 팔레스타인은 오랜 기간 평화를 논의해 왔어요. 1993년에 체결한 오슬로 협정이 대표적이에요. 이 협정은 팔레스타인의 자치권 보장과 이스라엘군의 재배치·철수를 주요 내용으로 다뤘어요. 비록 양측의 복잡한 갈등으로 평화 협정이 온전히 지켜지지 못했지만, 평화를 위한 노력을 멈춰서는 안 돼요. 이스라엘은 팔레스타인을 동등한 파트너로 대해야 해요. 동등한 관계에서 타협과 화해를 추구하며 평화와 정의를 위한 새로운 길을 찾아야 해요. 공존만이 진정한 해답이에요.

✔ 분쟁의 역사 한눈에 보기

기원전 1050년	기원전 63년	1517년	1917년
- 이스라엘 왕국 성립	- 로마 제국 지배	- 오스만 제국 지배	- 영국, 밸푸어 선언

1967년	1956년	1948년	1947년
- 제3차 중동 전쟁	- 제2차 중동 전쟁	- 이스라엘 건국 - 제1차 중동 전쟁	- 유엔, 유대인·아랍인 개별 국가 설립 채택

1973년	1987년	1993년	2007년
- 제4차 중동 전쟁	- 제1차 인티파다	- 오슬로 협정	- 이스라엘, 팔레스타인 가자 지구 봉쇄

세 나라가 줄다리기하는 지역, 카슈미르

카슈미르는 히말라야산맥의 고산 지대에 있어요. 이 지역은 산양 털로 만든 고급 모직물인 캐시미어의 원산지로, 캐시미어 코트나 머플러로 유명해요. 캐시미어 (cashmere)라는 말도 카슈미르(Kashmir)의 영어식 표현이랍니다. 이 지역은 '지상의 천국'이라고 불릴 만큼 아름답지요. 히말라야의 높은 산봉우리, 아름다운 호수, 맑은 계곡, 꽃이 만발한 초원 등 다채로운 풍경이 아름답게 펼쳐져요. 천혜의 관광 자원 덕분에 무굴 제국 때부터 유명한 관광지로 알려졌어요.

카슈미르는 어쩌다 분쟁 지역이 됐을까요?

제2차 세계 대전 이후인 1947년, 인도는 영국에서 독립했어요. 그러나 독립과 동시에 종교 차이로 인도와 파키스탄으로 분리되었어요. 당시 인도, 파키스탄, 방글라데시는 무굴 제국의 일부였지만, 종교와 언어 등이 서로 달랐어요. 가장 큰 문제는 힌두교와 이슬람교 간의 차이로 인한 갈등이었어요. 그럼에도 불구하고 한 나라로 통일하고자 노력한 사람들이 있었어요. 그 중심에는 비폭력 평화주의자로 유명한 마하트마 간디가 있었죠. 간디는 이슬람 세력이 별도의 국가를 세우려 할 때 이를 막기 위해 최선을 다했어요. 어렵게 독립을 이뤘는데, 종교가 다르다는 이유로 국민이 분열되고 나라가 쪼개지는 일을 막아야 한다고 생각했죠.

하지만 힌두교와 이슬람교 간의 갈등이 너무 커서 통일이 쉽지 않았어요. 이슬람 세력을 설득하려던 간디는 1948년, 힌두교 신자의 총에 맞아 목숨을 잃었어요. 그는 이슬람 세력에 우호적인 간디가 못마땅해 암살을 저질렀어요. '마하트마('위대한 영혼'이라는 뜻)'로 불리던 간디는 이렇게 허무하게 세상을 떠났어요. 영국이라는 강대국과 싸워 독립을 이룬 간디조차 종교 갈등을 풀기는 어려웠던 거예요.

|인도와 파키스탄, 중국 관할로 나누어진 카슈미르|

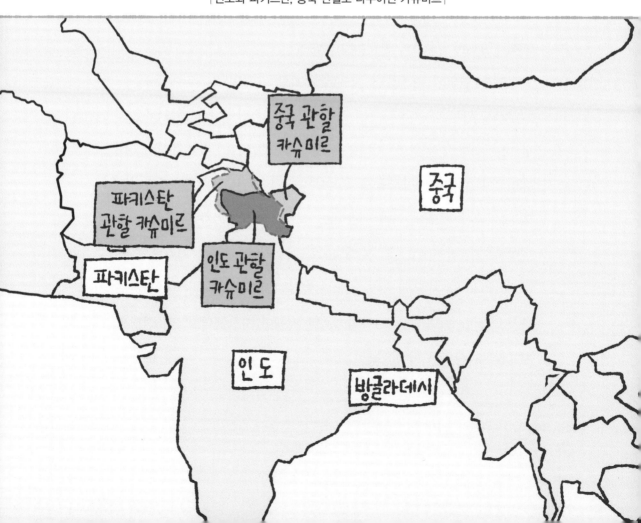

　결국 인도는 힌두교 중심의 인도와 이슬람교 중심의 파키스탄으로
나뉘었어요. 그러나 파키스탄 내부에서도 언어와 문화 차이로 갈등
이 커졌고, 결국 1971년에 서파키스탄(현재의 파키스탄)과 동파키스탄
(현재의 방글라데시)으로 분리되었어요.

　문제는 인도와 파키스탄 사이에 위치한 카슈미르 지역이에요. 이
슬람교를 믿는 다수의 카슈미르 주민은 파키스탄에 속하기를 바랐지
만, 힌두교를 믿는 소수 지배층은 생각이 달랐어요. 1947년 당시, 카
슈미르 통치자였던 마하라자 하리싱은 군사 지원을 대가로 카슈미르
의 통치권을 인도에 넘겨 버렸어요. 다수 주민의 의사를 무시한 채
일방적으로 말이에요. 같은 해 10월, 이슬람 세력이 파키스탄의 지
원을 받아 카슈미르의 수도 스리나가르를 점령하려 하자, 인도가 군
대를 파견했고, 제1차 인도-파키스탄 전쟁이 시작됐어요. 이 전쟁으
로 많은 사상자가 발생했죠.

유엔의 개입으로 1948년 8월 정전 합의가 이루어졌어요. 이후 카슈미르 지역은 인도가 63퍼센트를, 파키스탄이 37퍼센트를 차지했어요. 이렇게 카슈미르에 최초의 '통제선'이 그어졌으나 이는 확정된 국경선은 아니었어요.

세 나라의 충돌이 위험한 이유

이후에도 두 나라는 카슈미르를 놓고 두 차례나 전쟁을 벌였어요. 1965년, 파키스탄이 인도령 카슈미르 지역을 공격하면서 제2차 인도-파키스탄 전쟁이 터졌어요. 제2차 전쟁은 제1차 전쟁보다 비교적 일찍 끝났어요. 그런데 이때 중국이 파키스탄을 지원하면서 사태는 더욱 복잡해졌어요. 인도는 파키스탄과 중국, 두 나라와 동시에 싸워야 했죠. 제2차 인도-파키스탄 전쟁은 1966년 1월, 소련의 중재로 끝났어요.

5년 뒤인 1971년, 제3차 인도-파키스탄 전쟁이 발발했어요. 파키스탄 내분으로 방글라데시가 독립하는 과정에 인도가 개입하면서 무력 충돌이 다시 벌어졌어요. 제3차 전쟁은 1년 동안 이어졌고, 그때 그어진 통제선이 현재의 인도-파키스탄 경계선이에요. 전쟁 결과, 중국도 카슈미르 동쪽 지역을 차지하게 됐어요. 현재 파키스탄은 카슈미르 서쪽을, 인도는 카슈미르 남쪽을, 중국은 카슈미르 동쪽을 지배해요.

인도와 파키스탄은 휴전 상태지만, 완전히 해결된 것은 아니에요. 지금도 분쟁이 끊이지 않고 있어요. 인도령 카슈미르에서 이슬람 세력이 독립 운동을 시작하면서, 인도와 파키스탄 간의 충돌이 더욱 빈번해졌어요. 현재 카슈미르에 그어진 두 나라의 경계선은 확정된 국경이 아니라 통제선이에요. 그래서 카슈미르를 차지하려는 두 나라의 충돌은 언제든 되풀이될 수 있죠. 인도가 국력이 훨씬 더 우세해 파키스탄이 다소 불리한 상황이에요.

인도, 파키스탄, 중국은 군사 강국이에요. 2024년 군사력 평가 기관 글로벌파이어파워(GFP)의 보고서에 따르면, 세계 군사력 순위에서 중국은 3위, 인도는 4위, 파키스탄은 9위였어요. 더구나 세 나라는 모두 핵무기를 보유하고 있어요. 카슈미르 분쟁이 위험한 이유는 무력 충돌이 핵무기 사용으로 이어질 수 있기 때문이에요.

설마 핵무기를 함부로 쓰겠냐고요? 1984년, 인도와 파키스탄은 해발 6,700미터 히말라야산맥의 시아첸 빙하에서 충돌했어요. 이는 아마 인류 역사상 가장 높은 곳에서 벌어진 전투일 거예요. 이후에도 1985년, 1987년, 1995년에 작은 충돌이 이어졌어요. 파키스탄은 통제선을 넘어 인도에 잠입할 민병대를 계속 훈련시켰고, 1999년 카슈미르를 두고 다시 큰 전투를 벌였어요. 이는 1971년 제3차 인도-파키스탄 전쟁 이후 가장 큰 충돌이었어요. 이때 미국이 개입해 대화가 시작되기 전까지 몇 주 동안 핵전쟁 위기가 고조되었어요.

종교가 문제예요

결국 인도가 파키스탄, 방글라데시로 나뉜 이유는 종교 차이 때문이에요. 영국의 식민지였던 시절에는 함께 해방 운동을 했지만, 독립 후 종교 차이로 서로 총칼을 겨누게 되었죠. 같은 민족이라도 갈등이 생길 수 있어요. 우리나라도 이념 차이로 같은 민족이 서로를

죽이며 싸웠잖아요. 카슈미르 분쟁은 종교 갈등이 영토 분쟁으로 이어진 대표적인 사례에요.

인도 하면 보통 힌두교를 떠올려요. 그러나 인도에는 이슬람교도 깊이 뿌리내리고 있어요. 인도 인구의 14.2퍼센트가 이슬람교를 믿고 있는데, 인도 전체 인구가 14억 4,171만 명이 넘으니 약 2억 명이 이슬람 신자인 셈이에요.

인도에 이슬람 세력이 들어온 것은 아주 오래된 일이에요. 8세기 초부터 이슬람 세력은 인도 북부로 진출해 나라를 세우기 시작했어요. 이후 여러 이슬람 왕조가 등장하고 사라졌지요. 그중 가장 대표적인 왕조인 무굴 제국은 16세기 초에 세워져 19세기 중반까지 이어졌어요. 한때 인도 북부는 물론이고 남부도 차지할 만큼 넓은 영토를 다스렸지요. 이 시기 인도에서는 이슬람 문화가 꽃을 피웠어요. 세계적으로 유명한 타지마할도 이때 지어졌어요.

사실 인도는 불교의 발상지이기도 해요. 불교 창시자인 부처는 기원전 6세기경 인도 카필라 왕국의 왕자로 태어났죠. 그러나 현재 인도에서 불교 신자는 전체 인구의 0.7퍼센트에 불과해요. 반면, 오늘날 인도 국민의 79.8퍼센트는 힌두교를 믿어요. 참고로 '힌두'라는 단어는 페르시아어로 '인도'를 가리키며, 힌두교는 '인도 종교'라는 의미예요. 요가도 힌두교에서 비롯되었어요. 이는 인간의 본성을 수련하는 방법으로 발전했답니다.

갈등의 뿌리를 찾아서

종교가 다르다고 해서 함께 살 수 없는 건 아니에요. 종교가 다른 사람들도 충분히 공존할 수 있어요. 그러나 카슈미르는 종교 갈등뿐만 아니라 복잡한 역사적 요인까지 얽혀 갈등의 골이 깊어진 게 문제예요.

이러한 갈등의 뿌리를 살펴보면, 영국의 식민 지배가 있어요. 영국은 200년 동안 인도를 식민 지배하며 분할 통치 전략을 썼어요. 쉽게 말해 '분열시켜 지배하는' 전략이에요. 종교, 인종, 지역 간의 차이를 확대하고 적대감을 조장했어요. 이런 방법이 식민 지배에 효과적이라고 판단했거든요. 식민 지배 이전 인도는 종교 집단 간의 갈등이 크지 않았고, 비슷한 결혼·축제·음식 풍습을 공유했어요. 하지만 영국의 분열 정책으로 힌두교와 이슬람교 간의 갈등이 커졌고, 결국 인도, 파키스탄, 방글라데시로 갈라졌어요.

인도에는 카스트라는 신분 제도가 있어요. 과거에는 카스트가 절대적이지 않았고, 신분 간 경계도 느슨하고 유동적이었어요. 그러나 영국이 식민 통치 수단으로 카스트를 악용하면서 카스트는 엄격하고 고정된 신분 제도로 바뀌었어요. 예를 들어, 과거에는 최하위 신분인 수드라(노예)가 살던 마을을 떠나면 신분이 더 이상 따라오지 않았어요. 그런데 식민 지배 이후로는 어디를 가든 평생 수드라로 살아야 했죠. 군대조차 철저히 카스트를 기반으로 조직되었어요.

길등 밑바탕에 식민 지배라는 역사적 배경이 없었더라면, 종교가
달라도 사람들은 충분히 함께 살 수 있었을 거예요.

✔ 분쟁의 역사 한눈에 보기

1947년	1948년	1965년	1971년
– 영국 식민지 독립 – 인도·파키스탄 분리 – 제1차 인도–파키스탄 전쟁	– 유엔 중재로 정전 합의	– 제2차 인도–파키스탄 전쟁	– 제3차 인도–파키스탄 전쟁 – 방글라데시 독립

소수 민족 탄압

여러 민족이 모여 사는 나라에는 크고 작은 갈등이 존재해요. 대체로 다수 민족과 소수 민족 사이에 갈등이 벌어지죠. 다수 민족이 한 국가를 지배하는 집단이 되면, 소수 민족은 차별과 배제, 심지어 학살의 대상이 되기도 해요.

신장 위구르 탄압

중국은 여러 민족으로 이루어진 다민족 국가예요. 55개의 소수 민족과 한족으로 이루어져 있어요. 우리가 보통 만나는 중국인이 한족인데, 이들이 다수를 차지하죠. 연변 등지에 사는 조선족도 소수 민족 중 하나예요. 소수 민족마다 언어가 다르다 보니 중국에는 80가지가 넘는 언어가 존재해요. 전체 인구에서 소수 민족이 차지하는 비율은 8.9퍼센트 정도로 낮지만, 전체 영토의 64퍼센트에 걸쳐 살고 있어요. 소수 민족은 대부분 변방 지역에 살지요.

특히 다섯 자치구에 소수 민족이 많이 모여 살아요. 신장 위구르

|중국의 다섯 자치구|

자치구, 티베트 자치구, 네이멍구 자치구, 닝샤 후이족 자치구, 광시 좡족 자치구가 이에 해당하죠. 이 자치구들은 소수 민족에게 일정 수준의 자치권을 인정한다는 명목으로 만들어졌지만, 실제로는 중앙 정부의 통제를 받아요.

한족과 소수 민족이 잘 어울려 살면 문제가 없겠지만, 현실은 그렇지 못해요. 과거 중국은 한족이 아닌 주변 민족을 '오랑캐'라 부르며 업신여겼어요. 이들을 강제로 병합하고 오랜 시간 동안 차별해 왔지요. 중국 정부는 차별하지 않는다고 주장하지만, 소수 민족들은 차별받아 왔다고 주장해요. 이런 이유로 일부 소수 민족은 분리 독립을 원하고 있어요.

대표적인 사례가 신장 위구르 자치구의 위구르족이에요. 2020년 기준 신장 위구르 자치구의 총 인구는 2,585만 명으로, 이 중 위구르족 인구는 1,162만 명이에요. 위구르족은 이슬람교를 믿는 유목민으로, 한족과 언어, 종교, 문화가 모두 달라요. 외모도 아시아인보다 아랍인과 더 비슷하죠. 위구르족은 과거 위구르 제국을 세우고 역사의 부침 속에서도 고유문화를 이어 왔으나, 청나라 때 강제로 합병됐어요. 이후 42차례나 독립 운동을 벌였지요. 1865년 봉기로 잠시 독립을 이루었으나 1877년에 다시 청나라에 복속됐어요.

중국 정부는 위구르 자치구를 경제적으로 중국에 종속시키는 동시에 한족 동화 정책을 펼쳐 왔어요. 한족의 이주를 늘리고, 위구르족의 종교 활동을 제한해 한족 문화를 강요했죠. 하지만 언어, 종교, 문화가 다른 두 민족을 강제로 통합하려는 정책은 위구르족의 불만을 샀어요. 2000년 전후부터 위구르족은 독립을 요구하며 간헐적인 테러를 벌였고, 중국 정부는 이를 강압적으로 억누르고 있어요.

2019년 서방 언론에 유출된 중국 공안 자료에 따르면, 위구르족 100만 명이 수용소에서 인권 탄압을 받고 있다고 해요. 이 수용소는 '재교육 캠프' 또는 '교육 훈련 학교'라는 이름으로 운영되며, 위구르족을 포함한 이슬람교도인 소수 민족을 재판 없이 강제로 가두어 교육해요.

자치를 원하는 티베트

티베트는 1950년 중국의 침공을 받아 이듬해 중국의 자치구가 되었어요. 이에 많은 티베트인이 항의했죠. 1959년, 티베트 동부 캄 지방과 암도 지방에서 무장 반란이 일어나자 중국군이 무력으로 진압했어요. 뒤이어 티베트 지도자 달라이 라마가 머물던 포탈라궁을 폭격하며 위협했어요. 같은 해 3월 10일, 전국에서 모여든 티베트인 약 3만 명이 포탈라궁을 에워쌌어요. 이들은 목숨을 바쳐서라도 달라이 라마를 지키고자 했어요. 3월 17일 중국군이 공격을 시작했고, 이 과정에서 티베트인 8만 명 이상이 희생됐어요.

달라이 라마는 티베트를 탈출해 히말라야산맥 기슭에 티베트 망명 정부를 세우고 독립 운동을 벌였어요. 하지만 독립은 쉽지 않았어요. 국제 사회도 도와주지 않았지요. 강대국 중국의 눈치를 보느라 티베트의 외침을 외면했어요. 독립이 현실적으로 어렵다는 사실을 깨달은 달라이 라마는 1989년부터 독립 대신 자치권을 요구하기 시작했어요. 현재도 티베트는 자치와 자결권을 요구하며 비폭력 저항 운동을 이어 가고 있지요. 다음은 2009년 티베트 민중 봉기 50주년에 달라이 라마가 발표한 성명이에요.

우리는 합법적인 자치권을 원한다. 티베트인들이 자신들의 목숨보다 소중하게 여기는 티베트의 종교, 문화, 언어, 정체성이 사라질 위기에 처해 있다. 티베트의 발전을 가져온 것처럼 보이는 도로, 공항, 철도 등과 같은 기반 시설은 티베트의 환경과 생활 양식을 짓밟고 티베트를 중국화하려는 정치적인 목적으로 만든 것이다.

중국은 티베트의 독립은 물론이고 자치도 허용하지 않아요. 위구르족을 비롯한 다른 소수 민족의 분리 운동에도 나쁜 영향을 줄 것으로 우려하기 때문이에요. 그래서 중국은 티베트 독립을 강하게 반대하지요.

중국 정부가 소수 민족의 독립 운동에 민감한 이유는 영토와 관련 있어요. 위구르족, 티베트족, 몽골족의 땅이 중국 영토의 절반을 차지해요. 만약 세 민족이 독립하면 중국은 영토의 절반과 함께 막대한 자원을 잃게 돼요. 신장 위구르 자치구와 티베트 자치구에는 천연가스, 석탄, 우라늄, 금강석, 마그네슘, 철 등 다양한 광물과 천연자원이 풍부하게 매장되어 있거든요. 이 모든 것이 중국이 소수 민족의 독립을 막는 이유예요.

무국적자 로힝야족

　무국적자는 국적이 없는 사람을 뜻해요. 국적이 없으면 출생 신고도, 사망 신고도 할 수 없어요. 한마디로 투명 인간이죠. 미얀마의 로힝야족은 종족 전체가 무국적이에요. 2022년 기준, 미얀마에 거주하는 로힝야족 60만 명 모두 국적이 없어요. 미얀마는 135개 소수 민족으로 구성된 다민족 국가예요. 주류는 전체 인구의 68퍼센트를 차지하는 버마족이고, 나머지 32퍼센트는 소수 민족으로 이루어졌어

|로힝야족이 주로 거주하는 미얀마 라카인주|

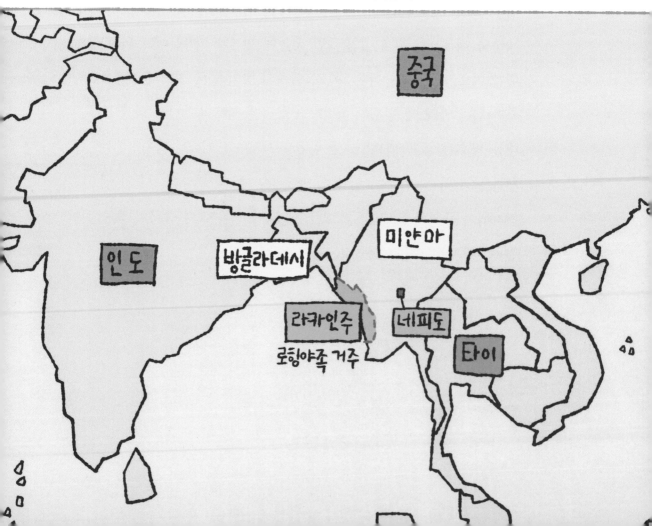

요. 로힝야족도 그중 하나지요.

로힝야족은 왜 국적을 인정받지 못할까요? 미얀마는 1886년 영국의 식민지가 된 이후로 독립을 위해 끊임없이 저항했어요. 청년들은 양곤대학교를 중심으로 독립 운동을 전개했고, 불교 국가답게 승려들도 앞장섰어요. 영국은 식민 지배에 대한 저항이 거세지자, 주류 민족인 버마족을 탄압하기 시작했어요.

이때 자신들을 대신해 싸울 대상으로 로힝야족을 선택했어요. 로힝야족은 원래 방글라데시에 살았는데, 영국은 이들을 미얀마로 이주시켜 식민지 관리자로 삼았죠. 1942년, 일부 로힝야족이 영국 편에 서서 버마족을 공격해 약 2만 명이 희생됐어요. 이에 대한 보복으로 버마족은 로힝야 마을 300여 곳을 습격했고, 로힝야족 약 10만 명이 목숨을 잃었어요.

더 큰 문제는 제2차 세계 대전 이후 1948년, 미얀마가 영국에서 독립한 뒤에 일어났어요. 로힝야족에 대한 탄압이 본격적으로 시작됐어요. 1962년, 군사 쿠데타*로 정권을 잡은 미얀마 군부는 불교를 국가의 이념으로 삼았어요. 이슬람교를 믿는 로힝야족은 더 어려운 상황에 처했지요. 1982년, 미얀마 군정은 새로운 시민권법을 제정했어요. 소수 민족 대부분이 시민권을 인정받았지만, 로힝야족은 시민

쿠데타 군대나 일부 세력이 무력을 사용해 정권을 강제로 빼앗는 행위를 말해요.

권을 박탈당했어요. 2016년에 민주 정부가 들어선 뒤에도 로힝야족에 대한 차별 정책은 여전히 계속되었어요.

2017년, 미얀마 라카인주에서 로힝야족 일부가 종교 탄압에 반발해 경찰 초소를 습격했어요. 이를 계기로 정부군이 대대적인 토벌 작전을 벌이며 학살, 방화, 성폭행 등의 잔혹 행위를 저질렀어요. 이 과정에서 로힝야족 약 1만 명이 사망했고, 70만 명 이상이 방글라데시로 피신했어요. 유엔은 이를 "인종 청소의 교과서적 사례"라고 강하게 비판했지만, 미얀마 정부는 로힝야족 무장 단체와 싸웠을 뿐 민간인은 공격하지 않았다고 주장해요.

세계 곳곳의 내전

#아랍의봄 #시리아내전 #르완다대학살
#콩고분쟁의뿌리 #수단과남수단

시리아 내전

2010년, 북아프리카 튀니지에서 민주화 시위가 일어나 이듬해까지 이어졌어요. 이 시위로 무려 25년 동안 장기 집권해 온 튀니지 대통령이 쫓겨나 사우디아라비아로 망명했어요. 이후 인근의 리비아, 이집트, 시리아, 예멘 등에서도 민주화 시위가 연이어 일어났죠. 이를 '아랍의 봄'이라 불러요. 아랍 민주화를 의미하는 표현으로, 독재의 겨울이 끝나고 민주화의 봄이 온다는 뜻이에요.

시리아에 불어온 아랍의 봄

2011년, '아랍의 봄' 열풍이 시리아에도 불어왔어요. 시리아 국민들은 40년 넘게 알 아사드 부자의 독재에 시달리고 있었어요. 시리아는 1963년 이래 '국가 비상사태'를 유지하는 독재 국가였어요. 알 아사드 부자는 필요에 따라 헌법을 마음대로 고쳤고, 체제를 위협하는 어떠한 움직임도 허용하지 않았어요. 경찰과 정보원, 보안 요원 등이 시민을 철저히 감시했어요. 정보기관은 사람들을 영장 없이 체포하고 재판 없이 오랜 기간 가뒀어요.

1970년 군사 쿠데타로 권력을 잡은 하페즈 알 아사드가 2000년에 사망하자, 그의 아들 바샤르 알 아사드가 권력을 이어받았어요. 국민들은 권력이 세습되긴 했지만 젊고 새로운 지도자가 독재 체제를 바꾸리라 기대했어요. 하지만 10년이 지나도 약속한 인권 보장과 정치 개혁은 이루어지지 않았지요. 결국 반정부 시위가 일어났어요.

시리아 내전은 학생들의 민주화 시위에서 비롯되었어요. 국민들은 독재 정권의 퇴진을 요구했지만, 알 아사드 정권은 탱크와 헬기까지 동원해 시위대를 무차별 진압했어요. 정보기관은 시위 주동자를 체포했죠. 민주화 시위가 시작된 지 11개월 만에 7,000명 이상이 목숨

| '아랍의 봄'이 일어난 아프리카와 중동 국가들 |

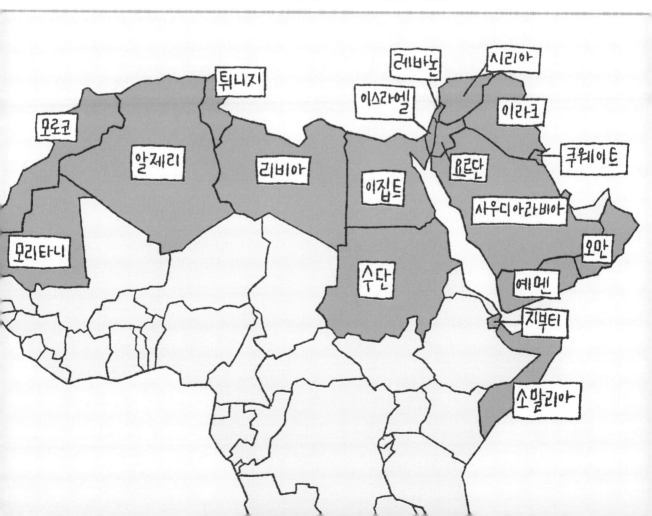

| 시리아 수도 다마스쿠스에서 열린 대규모 민주화 시위 |

을 잃었어요.

　정부가 탄압하자 반정부 시위는 더욱 거세졌어요. 급기야 시위대가 무장 반군으로 발전하면서 시리아는 내전 상태에 돌입했어요. 2011년 5월 내전이 시작된 이후 시리아는 막대한 피해를 입었고, 2023년까지 약 60만 명이 목숨을 잃었어요. 가장 심각한 문제는 대규모 난민이에요. 시리아 전체 인구의 절반인 1,000만 명 이상이 삶의 터전을 잃었어요. 그중 절반은 해외로, 나머지 절반은 국내 다른 지역으로 떠나야 했어요.

종교 갈등

초기에는 정부의 무력 진압에 반발한 시리아군 장교와 병사들, 그리고 야권 인사들이 반군 세력을 이끌었어요. 이들은 민주주의를 요구하는 저항군이었죠. 그러나 주변 국가들이 개입하면서 전쟁 규모가 커지고 성격도 달라졌어요. 이란과 레바논은 시리아 정부를, 사우디아라비아와 카타르는 반군을 지지했죠. 왜 주변국들이 시리아 내전에 개입했을까요? 이들은 같은 종파를 지원한다는 명분을 내세웠어요. 시리아 정부를 지원한 이란과 레바논 무장 조직인 헤즈볼라는 시아파였고, 반군에 무기와 물자를 제공한 사우디아라비아와 카타르는 수니파였지요.

이슬람교에는 여러 종파가 있지만, 가장 큰 갈래는 수니파와 시아파예요. 이슬람교 창시자인 무함마드가 죽은 뒤 후계자 자리를 놓고 의견이 나뉘면서 두 종파로 갈라졌어요. 수니파는 후계자가 무함마드의 가족일 필요는 없다고 보는 반면, 시아파는 무함마드의 가족 중에서 후계자가 나와야 한다고 주장해요. 가족만이 이슬람 경전인 코란을 제대로 이해하고 계승할 수 있다고 믿기 때문이에요. 현재 전 세계 이슬람교도의 약 85퍼센트는 수니파, 나머지 15퍼센트는 시아파예요. 수니파는 사우디아라비아, 카타르, 튀르키예, 이집트, 아랍에미리트, 파키스탄 등 대부분의 이슬람 국가에서 주류를 이루고 있어요.

　이슬람 지역에서 일어나는 종교 분쟁은 대부분 수니파와 시아파의 대립에서 벌어져요. 사우디아라비아와 이란이 오랫동안 대립해 온 이유도 종파 차이 때문이에요. 사우디아라비아는 수니파를, 이란은 시아파를 대표하는 나라거든요. 종교가 같아도 종파가 다르면 원수처럼 싸울 수 있다는 걸 두 나라가 잘 보여 줘요. 최근 큰 문제를 일으켰던 무장 단체 IS도 수니파에 속해요.

　시리아는 인구의 대부분을 차지하는 수니파 외에도, 소수 종파인 알라위파와 드루즈파 등으로 이루어진 다원적 사회예요. 국민의 약 75퍼센트가 수니파지만, 시아파의 분파인 알라위파가 주요 권력과 군부를 장악했어요. 시리아 내전은 수니파와 시아파(알라위파) 간 갈

		수니파	시아파
종주국		사우디아라비아	이란
정치 체제		친서방, 절대왕정	반서방, 이슬람 공화정
주요 갈등	레바논 내전 (1975년~1990년)	레바논 정부 지원	반정부 세력 지원
	이란-이라크 전쟁 (1980년~1988년)	이라크 정부 지원	이란 정부 지원
	시리아 내전 (2011년~2024년)	반정부 세력 지원	시리아 정부 지원
	예멘 내전 (2014년~현재)	예멘 정부 지원	후티 반군 지원

|이슬람교 수니파와 시아파 비교|

등이 폭발하며 시작됐어요.

　1920년부터 시리아를 식민 지배한 프랑스는 종파 간 분열을 의도적으로 부추기며 수니파를 억눌렀어요. 이는 영국이 미얀마에서 사용했던 '분할 통치' 방식과 비슷해요. 프랑스는 시리아 사회에서 최하층을 차지했던 알라위파에게 군 입대를 적극적으로 장려했어요. 그결과 알라위파 출신 장교와 사병들이 시리아 군대에서 요직을 차지했고, 1963년 쿠데타로 정권을 잡았어요. 이후 1971년, 알라위파 출신 장군 하페즈 알 아사드가 대통령으로 취임하며 권력을 완전히 장악했죠.

2010년대 들어 IS가 시리아 북부를 점령하며 내전은 더 복잡해졌어요. 2014년부터 2015년 사이, 미국과 러시아가 군사 개입을 하면서 시리아 내전은 강대국의 대리전으로 변했죠. 러시아는 알 아사드 정부를 지원했어요. 소련 시절부터 시리아군 창설을 돕는 등 시리아와 끈끈한 관계였거든요. 반면, 미국은 시리아의 민주화와 IS 축출을 명분으로 내세웠어요. 그러나 실제로는 러시아를 견제하고 중동 내 영향력을 강화하려는 목적이 컸어요.

난민이 쏟아져요

2015년 9월 2일, 알란 쿠르디라는 3살 아이가 지중해 해변에서 숨진 채 발견됐어요. 몇 미터 떨어진 곳에서 엄마와 형의 시신도 발견됐죠. 알란의 가족은 시리아 내전으로 난민이 되었고, 튀르키예에서 난민 생활을 하다가 유럽으로 가려고 그리스행 보트를 탔어요. 그런데 작은 보트에 너무 많은 사람이 타는 바람에 출발한 지 5분 만에 배가 뒤집혔어요.

지중해를 건너려면 목숨을 걸어야 해요. 난민들은 고무보트나 작은 배를 타고 바다를 건너는데, 불법 운송업자들이 돈을 더 벌기 위해 난민을 과도하게 태우면서 배가 뒤집히는 일이 자주 발생해요.

2023년 국제이주기구(IOM) 자료에 따르면, 지난 10년간 난민 2만 7천여 명이 지중해를 건너다 사망하거나 실종됐어요.

시리아 내전이 시작된 2011년부터 난민은 꾸준히 늘었어요. 난민이 급증한 시기는 2013년 전후예요. 2014년부터 무장 단체 IS가 시리아 전역을 점령하면서 내전이 더욱 격화했기 때문이에요. 시리아 정부군은 염소 가스 같은 화학 무기를 사용해 민간인들을 공격했어요. 수많은 사람이 목숨을 잃거나 난민이 되었지요. 2013년과 2017년에는 정부군이 반군 진압을 명분으로 민간인 주거 지역에 화학 무기를 사용해 국제 사회가 강하게 비판했어요.

시리아는 전 세계에서 난민을 가장 많이 배출했어요. 2021년 유엔난민기구 보고서에 따르면, 시리아 난민 수는 약 560만 명에 이르며, 국내 실향민도 670만 명이나 돼요. 시리아 난민의 약 90퍼센트는 튀르키예, 레바논, 요르단 등 이웃 나라로 향했지만, 이들 나라는 난민에게 우호적이지 않았어요. 난민 수십만 명을 수용할 여력도 없었어요. 주변국이 국경을 걸어 잠그자 난민들은 지중해를 건너 유럽으로 향할 수밖에 없었고, 결국 '유럽 난민 사태*'가 발생했어요.

일부 국가는 난민에 긍정적이었지만, 많은 나라가 국경 장벽을 세

유럽 난민 사태 2015년을 기점으로 중동과 아프리카에서 대규모 난민이 유입하면서 유럽이 겪은 위기를 말해요. 수많은 사람이 전쟁과 빈곤 등을 피해 유럽으로 향했어요. 난민 급증으로 홍역을 치르면서 유럽에는 반이민 정책을 내세우는 극우 정당들이 부상했어요.

워 난민 유입을 막으려 했어요. 2015년 기준, 불가리아는 튀르키예와 맞닿은 국경에 약 132킬로미터 길이의 철조망 장벽을 세웠어요. 같은 해 9월, 헝가리도 세르비아와의 국경(약 175킬로미터)과 크로아티아와의 국경(약 43킬로미터)에 장벽을 건설했어요. 이어 12월에는 오스트리아가 슬로베니아와의 국경에 장벽을 세웠고, 이듬해에는 영국이 프랑스 칼레 지역 난민 캠프 주변에 약 1킬로미터 길이의 철제 장벽을 설치했어요.

그래도 희망이

시리아 내전이 학생들의 민주화 시위에서 시작했다고 했죠? 그 시위는 어린 학생들의 낙서가 발단이었어요. 2011년 3월, 시리아 남서

부의 작은 도시 다라에서 학생들이 담벼락에 알 아사드 정권을 비난하는 낙서를 남겼어요. "의사 선생, 당신 차례가 왔다"라는 내용이었죠. 이는 영국에서 안과 수련의를 했던 바샤르 알 아사드를 겨냥한 것이었어요. '당신 차례'는 주변 국가에서 불기 시작한 민주화 바람이 시리아에도 닿길 바라는 표현이었지요.

경찰은 낙서를 한 학생 15명을 체포해 가두고 고문했어요. 그러다 13살 소년이 고문으로 숨지자, 분노한 국민이 학생들 석방을 요구하며 시위를 시작했어요. 석방 요구가 받아들여지지 않자 시위 규모가 점점 커졌어요. 3월 25일에는 다라 거리로 수십만 명이 모여들었어요. 정부는 무력을 동원해 시위대를 진압했지만, 이 시위는 전국으로 퍼져 내전으로 이어졌어요.

내전이 격화되며 수많은 사람이 건물 잔해에 깔려 다치거나 목숨을 잃었어요. 병원도 폭격을 당해 부상자들은 치료를 받기 어려웠죠. 전문 훈련도 받지 않았고, 장비도 없었지만 일반 국민들은 팔을 걷어붙이고 이웃을 구하기 시작했어요. 2012년 말, 이들은 '시리아 민간 방위대'라는 단체를 결성했어요. 하얀색 안전모를 쓰고 활동해 '하얀 헬멧'으로 불렸죠. 25명으로 시작한 이 단체는 3,000명이 넘는 규모로 성장했어요.

하얀 헬멧은 민간인, 정부군, 반정부군을 가리지 않고 생명을 구했어요. 인도주의 정신으로 11만 명이 넘는 사람들을 구조하고 부상

| 시리아 민간 방위대, 하얀 헬멧 |

자를 치료했죠. 그러나 안타깝게도 하얀 헬멧 대원 250명 이상이 사

람을 구하다 목숨을 잃었어요.

분쟁의 역사 한눈에 보기

1946년	1963년	1971년	2011년	2014년
– 프랑스 식민지 독립	– 국가 비상사태 선포	– 쿠데타 정권 집권	– 민주화 시위	– IS 시리아 점령

아프리카의 내전

내전이 가장 빈번하게 발생하는 대륙이 어디일까요? 아프리카예요. 과거에는 나이지리아, 앙골라, 르완다, 콩고민주공화국에서 내전이 있었고, 현재도 나이지리아, 콩고민주공화국, 수단, 소말리아 등에서 내전이 계속되고 있어요. 국제구호위원회(IRC)가 발표한 〈2024년 세계 위기국가 보고서〉에 따르면, 인도주의 위기에 처한 20개국 중 아프리카 국가는 8곳이나 포함되었어요.

아프리카의 끝나지 않는 갈등

식민지에서 독립한 아프리카 국가들은 대부분 독재와 내전을 겪었어요. 여전히 그 상황을 벗어나지 못한 곳도 있지요. 2023년 현재, 적도기니는 44년째, 카메룬은 41년째, 우간다는 37년째 대통령이 장기 집권 중이에요. 2020년 이후 '쿠데타 벨트'로 불리는 말리, 기니, 차드, 수단, 부르키나파소, 니제르 등은 군사 정부가 쿠데타로 권력을 장악했어요. 이들 나라는 정부군과 반군이 계속해서 충돌하고 있어요.

르완다 내전

아프리카 중부에 위치한 르완다에는 투치족과 후투족이 있어요. 후투족은 다수 민족이고, 투치족은 소수 민족이에요. 르완다는 오랫동안 투치족이 통치했어요. 그런데 1994년 4월부터 7월까지 두 부족이 통치권을 두고 내전을 벌였어요. 석 달 동안 117만 명이 넘는 사람들이 목숨을 잃었지요. 이 숫자는 전체 인구 814만 명 중 20퍼센트에 해당해요. 단 100일 만에 국민 5명 중 1명이 희생된 거죠. 그

| 아프리카 분쟁 현황 |

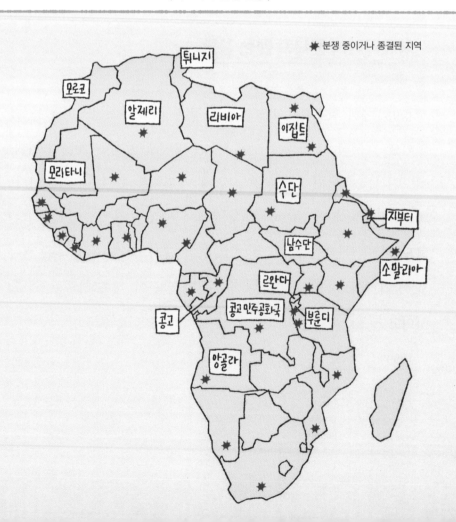

★ 분쟁 중이거나 종결된 지역

야말로 르완다 대학살이 일어난 거예요.

르완다 국민 약 240만 명은 학살을 피해 주변국으로 피난을 떠났어요. 그 영향으로 이웃 나라 부룬디와 콩고민주공화국은 내전이 더욱 악화했어요. 콩고민주공화국에서는 르완다로 귀환하던 난민 20만 명이 행방불명되는 비극도 발생했죠. 생존을 위해 도망친 난민들이 피난처에서도 또다시 희생된 거예요. 여성 약 20만 명은 내전 중에 성범죄를 당했어요.

후투족과 투치족이 처음부터 사이가 나빴던 것은 아니에요. 르완다는 1916년부터 1961년까지 벨기에가 식민 지배를 했어요. 벨기에는 르완다를 효과적으로 통치하기 위해 '분할 통치' 전략을 사용했어요. 소수 민족인 투치족에게 권력을 주어 다수 민족인 후투족을 관리하게 했죠. 복지, 교육, 일자리 같은 혜택도 투치족에게 몰아주었어요.

1993년, 벨기에는 신분증 제도를 도입해 각 종족을 구분했어요. 초기에는 키우는 소의 수를 기준으로 종족을 나눴어요. 소를 10마리 이상 가진 사람을 투치족으로 인정했지요. 이 신분증은 사실상 '계급 신분증'이었던 셈이에요. 이후에는 외모를 기준으로 두 부족을 나누었어요. 코가 높고 키가 크며 피부색이 옅은 사람들을 투치족으로 분류하고, 서양인과 닮았다는 이유로 투치족을 후투족보다 우월하다고 선전했어요. 두 민족 간의 갈등이 깊어질 수밖에 없었지요.

1959년, 후투족의 한 부족장이 살해되면서 무장 저항, 즉 르완다

혁명이 시작되었어요. 결국 후투족이 권력을 잡았지요. 1962년 독립 이후 후투족은 투치족을 차별했어요.

이런 긴장 속에서 1994년, 후투족 출신 대통령이 탄 비행기가 미사일에 격추되는 사건이 발생했어요. 후투족은 이 사건의 배후로 투치족을 지목했고, 다음 날부터 투치족에 대한 집단 학살이 시작되었어요. 특히 후투족 민병대*인 인테라함웨의 무자비한 공격으로 투치족뿐 아니라 학살에 반대한 온건파 후투족도 희생됐어요.

민병대 군인이 아닌 민간인으로 조직한 부대예요.

콩고 내전

우리 아이들은 전쟁 중에 태어났어요. 지금도 전쟁 중에 살고 있어요.

2023년 12월 17일 자 〈뉴욕타임스〉에 보도된 콩고민주공화국 동부 지역 난민촌 주민의 이야기예요.

르완다 내전은 이웃 나라 콩고민주공화국까지 큰 영향을 미쳤어요. 내전 이후 1996년, 르완다에 투치족 정부가 들어서자 후투족 민병대는 콩고민주공화국 동부 지역으로 도망쳐 난민 캠프에 자리 잡았어요.

당시 콩고민주공화국은 부정부패와 정치적 혼란으로 국민들의 불만이 컸어요. 동부 지역에서는 후투족 민병대가 투치족 난민과 충돌했고, 지역 주민들까지 이 싸움에 휘말렸어요. 르완다 정부는 후투족 민병대를 제압하기 위해 군대를 파견했지만, 이 과정에서 콩고민주공화국 정부와 충돌하면서 분쟁은 전국으로 확산했어요. 이렇게 제1차 콩고 전쟁(1996년~1997년)이 시작되었어요. 이 전쟁에는 주변국인 우간다, 르완다, 앙골라, 짐바브웨 등도 참전했어요.

전쟁으로 콩고민주공화국에 새로운 지도자가 집권했지만, 결국 제2차 콩고 전쟁(1998년~2003년)이 일어났어요. 두 차례의 내전으로 약 600만 명이 목숨을 잃었어요. 세계 대전 이후 가장 큰 인명 피해지요.

콩고 내전은 지금도 계속되고 있어요. 콩고민주공화국은 9개국과 국경을 맞대고 있어, 이 중 일부를 포함해 아프리카 13개국이 내전에 개입했어요. 그래서 콩고 전쟁을 '아프리카 대전쟁'이라고 부르기도 해요. 유럽 강대국들이 떠난 이후 콩고민주공화국에는 100개가 넘는 무장 단체가 내전을 벌이고 있어요. 이들은 광물을 불법적으로 판매해 무기를 사들이고 있죠. 2003년 유엔 보고서도 불법적인 콜탄 밀수가 분쟁과 부패의 주요 원인이라고 지적했어요.

콩고민주공화국에서 내전이 끊이지 않는 이유는 코발트, 다이아몬드, 금, 은, 콜탄 등 풍부한 광물이 매장되어 있기 때문이에요. 특히 스마트폰과 전기 자동차 제조에 필수적인 콜탄은 세계 생산량의 80퍼센트를 차지하고, 고강도 합금 제조에 필요한 코발트는 73퍼센트를 공급해요. 이렇게 자원이 많지만, 콩고민주공화국은 세계에서 가장 가난한 나라 중 하나예요. 인간 개발 지수(HDI)*가 세계 하위권에 머물며, 교육·건강·생활 수준에서 낮은 점수를 받고 있어요. 가난의 원인은 주변 강대국들이 콩고민주공화국의 자원을 착취하는데, 자원을 관리할 중앙 권력이 없기 때문이에요. 또한 선진국들은

인간 개발 지수 매년 유엔에서 빈곤, 불평등, 성별 격차 등을 토대로 각국의 발전 정도를 평가하는 지표예요.

자국에 큰 피해가 없다는 이유로 콩고 내전을 외면하고 있어요.

이 전쟁이 우리와 무관할까요? 그렇지 않아요. 우리가 사용하는 스마트폰과 노트북을 만드는 데 필요한 콜탄은 대부분 콩고민주공화국에서 나와요. 하지만 그곳 주민들은 열악한 환경에서 낮은 임금을 받고 광산에서 일하거나 전쟁터로 내몰리고 있어요. 우리가 쓰는 전자 제품 때문에 이 비극이 벌어진다는 점을 기억해야 해요.

✔ **분쟁의 역사 한눈에 보기**

1959년	1961년	1994년	1996년	1998년
– 르완다 혁명	– 르완다, 벨기에 식민지 독립	– 르완다 대통령 피격 – 르완다 대학살	– 제1차 콩고 전쟁	– 제2차 콩고 전쟁

수단 내전

〈울지 마 톤즈〉라는 다큐멘터리 영화가 있어요. 이태석 신부가 생전에 남수단 톤즈 지역에서 교육과 의료 봉사 활동을 하던 모습을 그린 영화예요. 이태석 신부는 움막 진료실을 세우고 하루에 300명의 환자를 돌볼 정도로 헌신했지요. 그의 봉사 활동 내용은 남수단 교과서에도 자세히 실려 있어요. 우리나라는 남수단 평화를 위해 '한빛 부대'를 파견하며 인연을 맺기도 했어요.

수단은 북부와 남부 지역 간 종교적·인종적 차이가 뚜렷해요. 북부는 아랍어를 사용하며 이슬람교를 믿는 아랍계 주민이 많고, 남부는 영어를 사용하며 기독교와 토속 신앙을 믿는 아프리카계 흑인이 많아요. 수단을 식민 지배했던 영국은 이런 차이를 무시하고 두 지역을 하나로 묶어 통치했어요. 두 지역의 갈등은 영국에서 독립한 1956년 이후 더 심화되어 내전으로 번졌어요.

제1차 수단 내전(1956년~1972년)은 16년 동안 이어졌고, 사상자는 100만 명을 넘었어요. 이에 두 지역 정상은 독립을 추진하려 했지만 남부 지역에서 석유를 포함한 막대한 자원이 발견되면서 어려워졌어요. 결국 1972년 남수단의 자치권이 인정되면서 전쟁이 잠시 멈췄지만, 북부 정부가 남수단을 이슬람화하려 하면서 다시 갈등이 불거졌어요. 남수단은 '수단인민해방군(SPLA)'을 조직해 저항했고, 결국 제

2차 수단 내전(1983년~2005년)이 발발했어요. 22년에 걸친 이 전쟁으로 200만 명이 목숨을 잃었고 400만 명이 피난길에 올랐어요.

2005년, 수단과 남수단은 유엔의 중재로 평화 협정을 맺었어요. 그리고 6년 뒤인 2011년, 남수단은 수단에서 분리 독립했지요. 하지만 두 나라는 여전히 원유 수익 배분과 국경선 확정을 둘러싸고 갈등을 이어 가고 있어요. 한동안 유엔평화유지군이 남수단과 수단 양측에 주둔하기도 했죠. 앞에서 언급한 한빛 부대도 유엔평화유지군 자격으로 남수단에 파견되었어요. 그러다 2021년, 수단에서 쿠데타가 발생하며 유엔평화유지군은 철수했어요.

2023년 4월, 쿠데타 세력 내에서 정부군과 준군사 조직인 신속지원군 간에 내전이 일어났어요. 세계보건기구(WHO)에 따르면 이 충돌로 누적 사망자는 2024년 기준 1만 6,000명을 넘었고, 850만 명이 집을 잃고 난민이 되었어요. 세계식량계획(WFP)은 수단 전역에서 약 1,800만 명이 극심한 굶주림에 처해 있다고 추정했어요.

1956년 영국에서 독립한 이후, 수단에서는 세 번의 내전과 열다섯 번의 쿠데타 시도가 있었어요. 수단의 정치가 불안정한 이유는 자원 문제와 깊은 관련이 있어요. 석유, 금, 구리, 철광석, 우라늄 등 풍부한 자원을 차지하려는 세력 간의 다툼이 끊이지 않았죠. 2023년에 발생한 정부군과 신속지원군의 내전도 금광 문제와 관련이 있어요. 정부가 신속지원군을 정부군에 편입하겠다고 통보하자, 신속지원군은 이에 반발했어요. 신속지원군은 금광으로 막대한 부를 쌓아 왔는데 금광 통제권이 정부에 넘어갈 상황을 우려한 거에요.

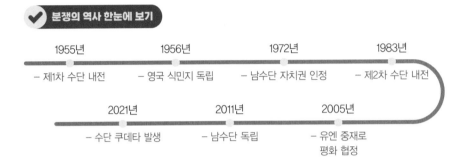

분쟁의 역사 한눈에 보기

1955년	1956년	1972년	1983년
– 제1차 수단 내전	– 영국 식민지 독립	– 남수단 자치권 인정	– 제2차 수단 내전

2021년	2011년	2005년
– 수단 쿠데타 발생	– 남수단 독립	– 유엔 중재로 평화 협정

구불구불한 국경선의 비밀

천연자원이 풍부하면 경제 성장에 이로울 것 같지요? 하지만 어떤 나라들은 자원이 풍부한데도 여전히 가난해요. 자원으로 얻은 이익이 일부 계층에만 돌아가 경제 성장이 느리고, 국민의 생활도 나아지지 않는 거예요. 이를 '자원의 저주'라고 한답니다.

자원은 풍부하지만 빈곤한 대륙

아프리카 대륙은 자원이 매우 풍부해요. 전 세계 광물의 30퍼센트, 석유의 12퍼센트, 천연가스의 8퍼센트가 아프리카에 매장되어 있고, 희토류도 30퍼센트나 묻혀 있어요. 하지만 이런 자원으로 벌어들인 수익은 소수의 무장 세력에게만 돌아가요. 이들은 그 돈으로 무기를 사들여 전쟁을 지속해요. 아프리카에서 내전이 끊이지 않는 이유가 바로 이 때문이에요.

'피의 다이아몬드'로 알려진 시에라리온의 다이아몬드 채굴을 둘러싼 내전은 대표적인 자원 분쟁 사례예요. 앞서 수단에서도 1972년에 어렵게 휴전했지만 석유를 둘러싼 갈등으로 1983년에 다시 전쟁이 시작되었어요. 2023년에 발발한 내전도 금광과 관련이 있었죠. 과거에는 다이아몬드가 아프리카 내전의 주요 자금원이었지만, 현재는 전자제품에 들어가는 탄탈럼이 그 역할을 해요.

아프리카는 잦은 내전과 독재 때문에 자원이 풍부한데도 발전이 더뎌요. 그 바탕에는 식민 지배 시절 유럽 강대국들이 임의로 그은 국경선이 있어요. 이로 인해 서로 다른 민족과 문화가 충돌했죠. 몇몇 나라는 이러한 어려움을 극복하기 위해 노력하고 있어요. 앙골라는 2002년 내전 종식 이후 급속한 경제 성장을 이루었어요. 2023년 기준 1인당 국내 총생산(GDP)이 2,333달러(한화 약 303만 원)에 달했지

요. 보츠와나는 아프리카에서 보기 드문 민주주의 국가로 자리 잡으며 2023년 기준 1인당 국내 총생산이 6,708달러(한화 약 872만 원)에 이르렀어요. 아프리카의 풍부한 자원은 갈등의 원인이 되기도 하지만, 잘 활용한다면 희망의 원천이 될 수 있어요. 자원을 공정하고 평화롭게 활용한다면 아프리카는 더 밝은 미래로 나아갈 수 있을 거예요.

아프리카 쟁탈전

나라마다 국토 모양이 다르다 보니, 국경선도 다양할 수밖에 없어요. 구불구불한 국경선이 있는가 하면 반듯반듯한 국경선이 있어요. 보통은 지형을 따라 구불구불하고 삐뚤빼뚤해요. 큰 강이나 산맥 같은 자연 지형이 국경이 되기 때문이에요. 처음에는 큰 강, 산맥, 해협 등을 경계로 사람들의 생활 영역이 나뉘었는데, 오랜 시간이 흘러 민족이 구분되고 여러 전쟁을 거치면서 국경선이 복잡해졌어요. 특히 유럽이 그렇지요.

하지만 아프리카에는 직선 형태의 국경선이 많아요. 이집트·리비아, 콩고민주공화국·앙골라, 알제리·말리·니제르 등의 국경선이 대표적이에요. 마치 자를 대고 그은 것처럼 반듯해요. 단순한 비유가 아니라, 과거 유럽 강대국들이 아프리카를 식민 지배하면서 일방적으로 지도 위에다 국경선을 그은 결과예요.

　1800년대 후반, 유럽 강대국 사이에서 '아프리카 쟁탈전'이 벌어졌어요. 산업 혁명으로 유럽은 대량 생산에 필요한 자원을 확보해야 했어요. 아프리카는 금, 고무, 상아 같은 자원이 풍부해 유럽 열강

━━ 국경
━━ 부족 경계

| 아프리카 국경선과 부족 경계선 |

이 탐내는 지역이었죠. 19세기 후반부터 유럽 각국은 아프리카를 식민지로 삼고 자원을 수탈했어요. 아프리카를 두고 프랑스는 동서로, 영국은 남북으로 세력을 넓히며 땅따먹기 경쟁을 벌였죠. 여기에 독일, 벨기에, 포르투갈 등 다른 유럽 강대국들도 뛰어들어 경쟁하듯 식민지를 나눴어요. 1884년~1885년 열린 베를린 회의에서는 유럽 강대국들이 아프리카 부족 간의 경계는 철저히 무시하고, 오직 강대국들의 이익과 힘의 논리에 따라 경계를 나누고 식민지를 차지했어요. 비극의 시작이었죠.

아프리카는 20세기 중반부터 독립했어요. 하지만 식민지 시절에 그어진 경계선이 그대로 국경선이 되었어요. 종족, 언어, 종교, 문화를 전혀 고려하지 않고 그어진 식민지 경계선이 말이에요. 현재 아프리카에는 55개의 국가가 있고, 3,000여 개의 부족이 존재해요. 사용하는 언어만 해도 2,000개가 넘죠. 이렇게 다양한 종족과 언어가 모여 있는 대륙에서 국경선이 엉뚱하게 그어지다 보니 수천 개의 원주민 문화가 원칙도, 질서도 없이 뒤섞이게 됐어요. 수많은 부족이 갑자기 하나의 국가로 묶이거나, 오랫동안 문화와 역사를 공유해 온 부족들이 강제로 갈라졌어요. 이 모든 일이 아프리카인들의 의사와는 상관없이 일어났지요.

잦은 분쟁은 그들 탓이 아니에요

아프리카의 많은 나라가 지금도 정치적 불안과 내전을 겪고 있어요. 이는 19세기와 20세기 유럽 강대국들의 식민 지배와 깊은 관련이 있어요. 식민 지배 이전에는 적대적인 부족들이 서로 경계를 지키며 침범하지 않았지만, 유럽 강대국들이 그은 경계선이 이 질서를 완전히 무너뜨렸어요. 원수 같던 부족들이 하루아침에 한 국가로 묶이고, 언어와 문화가 다른 종족들이 뒤섞이면서 갈등이 끊이지 않게 되었죠. 게다가 식민 지배 시절 특정 민족이나 종교 집단을 차별했던 역사가 갈등을 키우고 있어요.

아프리카가 가난한 이유도 이런 배경과 무관하지 않아요. 1990년대 개발경제학자들은 아프리카의 경제 낙후 현상을 깊이 연구했어요. 그 결과 한 국가 안에 수많은 부족이 모여 살다 보니 이해관계가 복잡하게 얽혀 있어 경제 정책을 일관적이고 효율적으로 시행하기 어렵다는 결론에 이르렀어요. 종족이 다르다는 것은 언어와 문화가 다르다는 뜻이에요. 의사소통이 어려운 상황에서 국가 정책에 협력하기란 쉽지 않죠. 영국의 식민 지배를 받던 나이지리아는 독립 후에도 250여 개 부족이 언어와 종교 차이로 협력하지 못해 38년 동안 전쟁을 일곱 번이나 겪었어요.

아프리카에서 벌어지는 내전은 식민지 시대 분할 통치가 남긴 후

유증이에요. '분할 통치'는 강대국들이 피지배 민족을 분열시키기 위해 사용한 전형적인 전략이에요. 한쪽에 혜택을 몰아주고 나머지 집단을 소외시켜 서로 싸우게 만든 뒤, 지배 세력에 대한 저항을 약화시키는 방식이죠. 아프리카, 중동, 아시아에서 일어난 종교·민족 간 분쟁은 대부분 이 전략에서 비롯했어요.

수단과 남수단의 사례는 이를 잘 보여 줘요. 영국이 수단을 식민지배하던 동안, 북부의 아랍계를 우대하고 남부의 아프리카계를 차별했어요. 1956년 수단이 영국에서 독립한 이후에도 이런 불평등은 계속됐어요. 북부 아랍계는 정치와 경제 권력을 장악하며 지배층으로 남았어요. 반면에 남부 아프리카계는 풍부한 석유 자원을 보유하고 있었지만, 수익 대부분이 북부에 흘러가자 불만이 커졌어요. 결국 1983년, 남부 주민들은 분리 독립을 주장하며 수단인민해방군을 조직했고 20년 넘게 내전을 벌였어요.

식민 지배에서 벗어났다고 해도 유럽 강대국들의 영향력은 완전히 사라지지 않았어요. 그들은 더욱 교묘한 방법으로 아프리카를 계속 장악하고 있어요. 자신들에게 우호적이면 독재자도 아낌없이 지원했고, 뒤에서 쿠데타와 내전을 조종했어요. 평화로울 때는 물건을 팔고, 전쟁이 나면 무기를 팔며 자신들의 경제적 이익을 우선시했어요. 유럽 강대국들에게 아프리카의 평화는 우선순위가 아니었지요.

특히 프랑스는 식민지에 강한 집착을 보였어요. 서부 아프리카 식민지 국가들이 독립할 때 불평등한 '식민지 협약'을 맺었지요. 이 협약에 따라 서부 아프리카 국가들은 프랑스가 지정한 화폐만 사용하고, 외환 보유고*의 85퍼센트를 프랑스에 맡겨야 해요. 천연자원이 발견되면 프랑스가 개발 우선권을 갖는다는 조항도 있어요. 옛날이야기 같지만, 지금도 이어지고 있는 불평등 협약이에요.

노예 무역의 그늘

유럽이 잘살고 아프리카가 못사는 건 인종 탓이 결코 아니에요. 유럽이라는 풍요로운 나무는 아프리카의 피라는 거름을 먹고 자랐어요. 아프리카의 자원을 빼앗고 노동력을 착취해 번영을 누렸거든요. 그 결과 아프리카는 자원이 풍부하지만, 경제를 발전시킬 정치 체제와 제도가 자리 잡지 못했어요.

16세기~19세기 동안 수많은 아프리카인이 노예로 끌려갔어요. 유럽 강대국들은 아메리카 대륙에서 사탕수수와 담배를 재배하는 데 많은 노동력이 필요했어요. 초기에는 인디오 원주민과 아일랜드인을 고용했지만, 전염병과 고된 노동으로 수가 줄자 아프리카인에게 눈

외환 보유고 한 나라가 보유하고 있는 외국 화폐와 금을 뜻해요. 국제 무역을 하거나 외국에서 돈을 빌리고 갚을 때 사용해요.

을 돌렸어요. 포르투갈을 시작으로 영국, 스페인, 프랑스, 네덜란드가 노예 무역에 뛰어들었어요. 이들이 16세기~18세기에 축적한 부는 거의 대부분 노예 무역으로 쌓은 거예요.

노예로 끌려간 아프리카인은 무려 1,200만 명 이상으로 추정돼요. 이 중 150만 명이 대서양을 건너는 도중 목숨을 잃었어요. 노예 무역선에서 그들은 짐짝처럼 취급당했어요. 한 사람에게 주어진 공간은 겨우 40센티미터에 불과했고, 다닥다닥 누운 채로 쇠사슬에 묶여 실려 갔죠. 비위생적인 환경, 질병, 학대와 폭력으로 수많은 사람이 목숨을 잃었어요.

미래 갈등

#미중패권경쟁 #신냉전 #자원분쟁
#기후위기 #식량과난민문제

미국과 중국의 패권 전쟁

1940년대 후반부터 1991년까지 미국과 소련은 이념과 체제를 둘러싸고 대립했어요. 이를 '냉전'이라고 불러요. 소련이 붕괴하며 냉전 시대가 끝났고, 미국은 세계 최강국, 즉 '글로벌 패권국'이 되었어요. 패권은 한 나라가 다른 나라에 행사하는 힘을 뜻해요. 헤게모니라고도 하지요. 1972년 관계 정상화 이후 미국과 중국은 갈등 속에서도 협력을 추구했어요. 그런데 최근에 중국이 빠르게 성장하며 미국을 위협하기 시작했어요. 이렇게 시작된 갈등을 '신냉전'이라 부른답니다.

갈등의 점화

한국 전쟁과 베트남 전쟁 이후 미국과 중국은 여러 차례 대립했어요. 그러다 1972년, 닉슨 미국 대통령이 중국을 방문한 이후 두 나라 사이에 변화가 생기기 시작했죠. 닉슨 대통령과 마오쩌둥 국가주석은 양국 간의 무역 증진과 민간 교류 확대를 약속하는 상하이 공동 성명을 발표했어요. 이를 계기로 중국은 개방을 선택하며 고립에서 벗어날 수 있었어요. 1978년 덩샤오핑이 국가주석이 되면서 개혁 개방 정책을 공식적으로 도입했고, 중국 경제는 빠르게 성장했어요. 개혁 개방의 성공으로 중국은 점차 힘을 키워 갔죠.

|1972년 마오쩌둥 국가주석과 닉슨 대통령의 만남|

그 이후 중국은 저렴한 인건비로 전 세계 수많은 기업의 제품 생산을 담당하며 '세계의 공장'이라고 불렸어요. 그만큼 많은 물건을 만들었죠. 2012년에는 1,485개 품목에서 세계 시장 점유율 1위를 기록했어요. 2019년에는 1,795개 품목에서 점유율 1위를 차지했지요. 중국의 경제 규모는 2010년부터 일본을 제치고 세계 2위로 올라섰어요. 2012년에는 외환 보유액 3조 2,400억 달러(한화 약 4,212조 원)로 세계 최대 외환 보유국이 되었고, 2013년에는 총 무역액 4조 1,600억 달러(한화 약 5,408조 원)로 미국을 추월해 세계 최대 무역국으로 부상했어요.

국방 부분의 성장도 눈에 띄어요. 중국은 2009년부터 세계 2위 국방비 지출 국가가 됐어요. 2024년 군사력 평가기관 글로벌파이어파워의 보고서에 따르면, 세계 군사력 순위에서 미국이 1위, 러시아가 2위, 중국이 3위를 기록했어요. 중국은 태평양을 가로질러 미국 본토까지 도달할 수 있는 대륙간탄도미사일도 보유하고 있어요.

경제 통상 갈등

중국이 첨단 제조업을 키우면서 미국 기업의 경쟁 우위가 약화하고 있어요. 중국은 2015년에 '중국 제조 2025' 계획을 발표했어요. 정부가 향후 20년 동안 10개 첨단 산업 분야를 집중적으로 육성해 중국을 '제조업 대국'에서 '제조업 강국'으로 성장시키겠다는 계획이지요. 핵심 기술과 부품, 소재 자급률을 2020년까지 40퍼센트, 2025년까지 70퍼센트로 높이겠다는 구상이에요.

트럼프 미국 대통령은 2017년 당선 후 중국에 공격적인 태도를 취하기 시작했어요. 2018년 4월, 500억 달러(한화 약 55조 원)에 이르는 중국산 수입품에 제품 가격의 25퍼센트를 세금으로 부과하겠다고 발표했지요. 이렇게 양국 간의 무역 전쟁이 시작되었어요. 지금도 타협점을 찾지 못하고 갈등이 점점 심각해지고 있어요.

2019년 5월, 미국은 화웨이를 비롯한 중국 기업 35곳을 블랙리스

트에 올리고 강력하게 제재했어요. 블랙리스트에 오른 기업은 미국과 거래가 어려워요. 화웨이는 중국 첨단 산업의 대표 주자기에 중국 산업은 큰 타격을 입었죠.

미국은 세 가지 방법으로 중국을 압박해요. 첫째는 관세 및 블랙리스트를 통한 무역 제재, 둘째는 첨단 기술 수출 제한, 셋째는 동맹국과 협력해 중국을 압박하는 제재예요. 2022년 10월부터 미국은 자국 기술을 사용한 첨단 반도체나 관련 장비를 중국에 수출하지 못하도록 했고, 2023년 8월에는 중국 첨단 산업(반도체, 인공지능 등)에 미국 자본 투자를 금지했어요.

중국은 전기차에 사용하는 희토류 자석 등의 수출을 통제하며 대응하고 있어요. 자원을 무기처럼 사용하는 것이죠. 2023년 8월부터 첨단 반도체와 통신·군사 장비에 쓰이는 희소 자원인 갈륨과 게르마늄 수출을 제한했고, 12월에는 2차 전지의 핵심 소재인 흑연까지 수출을 통제했어요. 미국이 첨단 제품을 생산하기 어렵게 만들려는 전략이에요. 미중 경쟁은 기술과 자원을 둘러싼 갈등으로 확대되고 있어요.

지정학적 갈등

지정학은 지리적 위치가 국제 사회의 관계나 경제, 안보 등에 미치는 영향을 연구하는 학문이에요. 최근 중국의 군사력 확대는 미국의 서태평양 지배력을 위협하고 있어요. 중국은 아시아에서 가장 강력한 국가가 되려고 해요. 이는 미국의 영향력을 약화시킬 가능성이 있죠. 태평양은 전통적으로 미국의 세력권이었기 때문에, 미국은 이를 중국의 도전으로 받아들여요.

남중국해의 난사군도는 군사적 긴장이 높아진 지역 중 하나예요. 중국은 필리핀, 베트남 등 주변국의 반발에도 불구하고 이곳에 인공섬을 설치하며 세력 확장을 시도했어요. 이에 맞서 필리핀, 베트남, 싱가포르, 인도네시아 등은 미국과 군사 안보 협력을 확대했죠.

대만 해협도 주요 분쟁 지역이에요. 중국은 대만을 자국 영토로

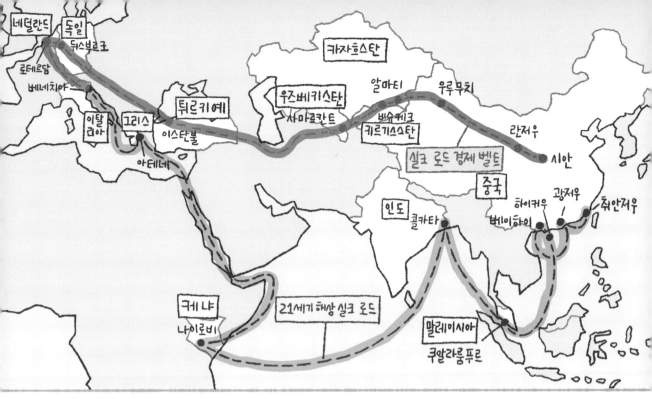

|중국의 일대일로 전략|

간주하지만, 대만은 이를 인정하지 않아요. 미국은 공식적으로 대만 독립을 지지하지는 않지만, 대만 편에 서서 중국을 견제해요.

태평양을 둘러싼 미국과 중국의 대치는 지금도 계속되고 있어요. 중국은 동아시아에서 세력을 확대하려 하고, 미국은 중국이 아시아 태평양에서 패권을 잡은 뒤 세계로 영향력을 확대할 것을 우려해요. 이에 따라 미국은 태평양 사령부의 이름을 '인도-태평양 사령부'로 변경하여 중국의 해상 확장 정책에 대응하고 있어요.

아시아의 우두머리를 꿈꾸는 중국은 아프리카까지 해상 영향력을 키우고 있어요. 2013년 시진핑 주석은 '일대일로' 구상을 발표했어요. 이는 현대판 실크 로드*로, 중국과 동남아시아, 중앙아시아, 아프리

카, 유럽을 경제 벨트로 연결한다는 계획이에요. 육로뿐 아니라 해
싱도 포함되어 있고, 전 세계 100여 개국이 관련돼 있어요. 결국 인
도-태평양 사령부라는 이름에는 미국이 인도, 일본과 협력해 중국
의 해상 확장을 막겠다는 의도가 담겼지요.

신냉전이 시작돼요

미국과 중국은 아직 영토를 다투거나 무력 충돌을 벌이지는 않았
어요. 과거 냉전 시대처럼 전 세계가 두 개의 체세로 완전히 갈라지
지도 않았죠. 그러나 두 나라는 보복 관세를 주고받고, 무역, 투자,
기술 이전 등을 제한해요. 반도체와 인공 지능 같은 첨단 산업에서
도 상대를 견제하고 있어요. 이 모든 경제 갈등의 배경에는 중국 경
제의 부상이 자리하고 있죠.

경제 갈등보다 앞서서는 정치적 대립이 있어요. 미국과 중국은 정
치 제도가 달라요. 미국은 열린 민주주의를, 중국은 통제 중심의 정
치 체제를 기반으로 해요. 이 대립을 '신(新)냉전'이라고 부르지요. 과
거 냉전이 이념 충돌이었다면, 오늘날 신냉전은 경제와 첨단 기술을

실크 로드(Silk Road) 고대 중국과 유럽을 연결했던 교역로로, 비단과 향신료 같은 물건뿐 아니라
문화와 기술도 오가던 중요한 통로예요.

둘러싼 패권 경쟁이에요. 여기에 우크라이나 사태까지 더해지면서 미국을 선두로 한 서방 국가들은 안보와 공급망 안정을 목표로 중국과 러시아에 대한 경제 제재를 강화하고 있어요. 중국과 러시아는 이에 맞서 경제 협력을 공고히 하고 있어요.

이 갈등은 단기간에 끝날 문제가 아니에요. 처음에는 무역 불균형에서 대립이 시작되었지만, 이제는 첨단 기술, 금융, 군사 안보 등 다양한 분야로 확대되었어요. 이는 장기적인 패권 전쟁의 시작으로 볼 수 있지요.

하지만 표면적인 갈등 속에서도 미국과 중국 간의 교역량은 크게 줄지 않았어요. 이는 두 나라가 경제적으로 얼마나 깊이 얽혀 있는지를 보어 줘요. 특히 미국은 핵심 광물을 중국에서 확보해야 하는 상황이지요. 이럴 때일수록 우리나라는 '균형 외교'로 관계를 현명하게 관리해야 해요. 균형 외교란 미국과 중국 사이에서 어느 한쪽에 치우치지 않고 균형을 잡는 외교랍니다.

자원을 차지하려는 경쟁

미국과 중국의 반도체 경쟁이 뜨거워지면서 핵심 자원이 무기화되고 있어요. 과거에는 석유나 가스 등 에너지 자원을 통제하는 사례가 많았지만, 최근에는 광물 자원으로 그 대상이 확대되었어요. 2023년 9월부터 미국은 대기 관측에 사용하던 나사(NASA)의 과학 연구용 항공기(ER-2)까지 동원해 광물 자원을 찾고 있어요.

자원의 중요성

천연자원은 우리가 살아가는 데 꼭 필요해요. 곡물과 육류 같은 식량 자원, 석유와 천연가스 같은 에너지 자원, 구리와 철광석 같은 광물 자원 등이 이에 속해요. 천연자원은 국가의 생존과 번영에 없어서는 안 돼요. 자원을 활용해 국민의 삶을 유지하고, 경제를 성장시키며, 국가 안전을 보장할 군사력을 유지하기 때문이에요.

우리가 일상생활에서 사용하는 자원은 대부분 매장량이 제한돼 있어요. 이를 '자원의 유한성'이라고 해요. 인류가 자원을 본격적으로 사용하기 시작한 이후, 광물 자원과 화석 연료는 빠르게 줄어들

었어요. 현재 세계 인구는 약 80억 명이지만, 2050년에는 100억 명에 이를 것으로 예상돼요. 그만큼 자원 수요도 더 늘어날 거예요.

게다가 자원은 특정 지역에 집중돼 있어요. 이를 '자원의 편재성'이라고 불러요. 석유는 생활에 꼭 필요한 자원이에요. 옷, 학용품, 의약품 등 거의 모든 분야에 쓰이지요. 심지어 식량을 생산하는 데도 사용해요. 하지만 일부 지역에만 많이 묻혀 있어요. 주요 수출국은 사우디아라비아, 러시아, 아랍 에미리트 등이고, 주요 수입국은 미국, 중국, 인도, 일본 등이에요.

자원은 국가 경제 발전에 꼭 필요하기 때문에 수요가 계속 늘어날 수밖에 없어요. 반면, 자원 생산국의 정책 변화, 자연재해, 자원 민족주의 때문에 공급은 줄어들거나 중단되기도 해요. 이러한 이유로 자원을 확보하기 위한 경쟁과 갈등이 세계 곳곳에서 벌어져요. 시간이 지날수록 갈등은 더욱 치열해질 거예요.

물 자원 분쟁

인구가 늘고 산업이 발달하면 물 소비량도 증가해요. 많은 나라가 물 부족 문제를 겪고 있지요. '푸른 별'로 불리는 지구는 표면의 70퍼센트가 물로 덮여 있지만, 대부분이 바닷물이어서 마실 수 없어요. 사람이 마실 수 있는 물은 겨우 0.001퍼센트에 불과하죠. 게다가 물 자원은 지역마다 고르게 분포하지 않아요. 사막처럼 건조 기후 지역은 강수량보다 증발량이 많아 물을 이용하기 어려워요.

여러 국가를 거쳐 흐르는 강을 국제 하천이라고 해요. 국제 하천을 공유하는 상류 국가와 하류 국가 간에는 물을 둘러싼 갈등이 빈번히 발생해요.

6,671킬로미터에 달하는 나일강은 세계에서 가장 긴 강이에요. 탄자니아, 케냐, 우간다, 에티오피아, 남수단, 수단, 이집트를 거쳐 흘러 지중해로 이어져요. 이 지역 사람들에게는 생명 줄과도 같지요.

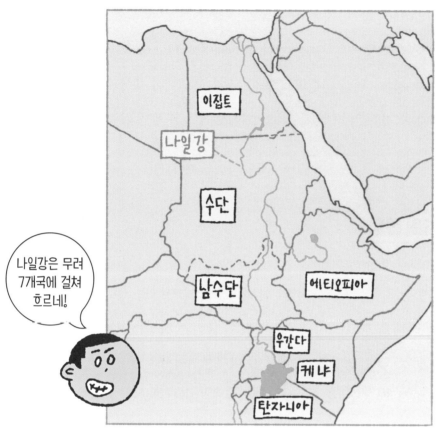

나일강은 무려
7개국에 걸쳐
흐르네!

|아프리카를 가로지르는 나일강|

그런데 2012년, 나일강 상류에 있는 에티오피아가 댐을 건설했어요.
하류에 위치한 이집트와 수단은 강하게 반발했지요. 에티오피아가
댐에 물을 채우면 흘러오는 강물의 양이 줄어들 거라고 걱정했거든
요. 사실 1950년대에도 이집트가 댐을 건설하면서 수단과 전쟁 직전
까지 갔어요.

메콩강은 중국에서 시작해 라오스, 캄보디아, 베트남을 거쳐 바다

로 흘러가는 국제 하천이에요. 2010년, 중국이 용수 확보와 전력 생산을 이유로 메콩강에 대규모 댐을 건설해 방류량을 조절했어요. 이에 라오스와 베트남이 크게 반발했죠. 특히 이들 나라는 쌀이 주식이에요. 물이 부족해 벼농사를 짓지 못하면 식량난에 처할 수 있었

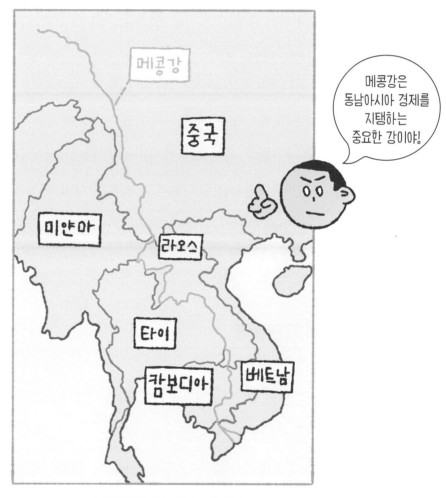

|동남아시아를 가로지르는 메콩강|

지요. 라오스도 대응 차원에서 댐을 건설했어요. 그 결과, 비가 많이 오는 우기에 상류 댐들이 물을 방류하면서 캄보디아, 라오스, 태국 등 강 주변 지역에서 홍수가 발생했어요.

20세기가 석유 전쟁의 시대였다면, 21세기는 물 전쟁의 시대가 될 가능성이 커요. 지구 온난화로 가뭄과 사막화가 심각해지고 있기 때문이에요. 실제로 2000년대 이후 벌어진 여러 내전에서 물이 중요한 요인이었어요. 2014년 말에 시작한 예멘 내전은 주변국의 무력 개입으로 본격화되었지만, 처음에는 물 부족으로 시작되었어요. 2011년부터 지금까지 계속되는 시리아 내전도 마찬가지예요. 2006년부터 2011년까지 극심한 가뭄이 이어지면서 농민 150만 명이 고향을 떠나 도시로 몰렸어요. 경제난이 심해지고 반정부 심리가 고조된 상황에서 정부가 국민을 탄압하자 내전이 일어났어요.

에너지 자원 분쟁

앞서 살펴봤듯, 영토는 그 나라의 땅과 주변 섬, 그리고 이를 둘러싼 바다를 포함해요. 이때 영토에 속한 바다를 영해라고 하죠. 어떤 섬이 우리 영토가 되느냐에 따라 우리가 차지할 수 있는 영해와 배타적 경제 수역의 범위가 달라져요. 여러 나라가 바다에서 갈등을 겪는 이유도 더 많은 수산 자원과 광물 자원, 에너지 자원을 확보하기 위해서예요.

북극해에서도 여러 나라 간의 갈등이 커지고 있어요. 러시아는 2007년 8월, 잠수함을 이용해 북극점 바닥에 티타늄으로 만든 국기를 설치했어요. 자기 영토라는 표시였죠. 북극해에는 세계 석유 매장량의 13퍼센트, 천연가스 매장량의 30퍼센트가 묻혀 있는 것으로 추정해요. 이를 차지하기 위해 러시아, 미국, 캐나다, 그린란드, 노르웨이, 덴마크 등이 영유권을 주장하며 신경전을 벌이고 있어요.

중국 주변 바다에서도 긴장이 높아지고 있어요. 앞서 설명했듯, 동중국해에서는 센카쿠 열도를 두고 중국과 일본이, 남중국해에서는 난사군도와 시사군도를 두고 중국, 대만, 베트남, 필리핀 등이 영

유권을 다투고 있죠. 이들 섬은 무인도지만, 풍부한 자원과 전략적 이유로 여러 나라가 이곳을 차지하려고 싸우고 있어요.

최근 섬과 섬 주변 바다를 둘러싼 해양 분쟁이 자주 벌어지고 있어요. 해상 교통 요지를 차지하고 풍부한 해저 자원을 손에 넣기 위해서죠. 전 세계 교역량의 78퍼센트가 바다로 운송돼요. 우리나라만 해도 교역량의 99퍼센트를 바닷길로 옮기고 있어요. 바닷길은 무역에 의존하는 나라라면 중요할 수밖에 없어요. 게다가 땅속 자원이 점점 고갈되면서 해양 자원의 중요성이 커지자 개발 경쟁이 치열해지고 있죠. 전 세계에서 해양 분쟁이 늘어나는 이유예요.

무기가 된 자원

'자원 민족주의'는 천연자원을 가진 국가가 이를 무기로 삼아 자국의 정치적·경제적 이익을 극대화하고 국제적인 영향력을 행사하려는 태도를 뜻해요. 앞에서 소개한 것처럼, 2010년 동중국해에서 센카쿠 열도를 순찰하던 일본 감시선과 중국 어선이 충돌하는 사고가 발생했고, 일본이 중국 어선과 선장을 억류하자 중국이 희토류 수출을 막은 사례가 있었죠. 또, 미국과 중국의 통상 갈등에서 중국이 여러 광물의 수출을 통제한 일도 있었어요. 이렇게 자원을 무기화하려는 시도가 바로 자원 민족주의예요.

　오늘날 자원을 무기화하는 일들이 점점 잦아지고 있어요. 자원이 무기가 되는 시대에 우리나라처럼 자원이 부족한 나라는 어려움을 겪을 수밖에 없어요. 자원 확보가 무엇보다 중요해요. 자원을 확보하지 못하면 첨단 기술도 소용이 없어요. 온라인 게임에서 상대보다 더 빠르게 자원을 캐서 건물을 짓고 무기를 만들어야 승리 확률이 높아지듯, 현실에서도 자원이 있어야 경제가 제대로 돌아가요.

기후 변화가 분쟁을 부추겨요

지구의 기온이 빠르게 오르고 있어요. '지구 온난화'나 '기후 변화'라는 말을 들어 봤을 거예요. 세계경제포럼(WEF)은 매년 〈세계 위험 보고서〉를 발간하는데, 2024년 보고서에서 '기상 이변'을 가장 큰 위협으로 꼽았어요. 기후 위기는 무더위, 가뭄, 태풍 같은 극단적 기후 현상을 자주 일으키며, 산불, 물 부족, 해수면 상승 같은 위협을 초래해요.

기후 변화와 식량 위기

2015년 프랑스 파리에서 열린 기후변화협약 당사국총회에서 국제 사회는 이번 세기말까지 지구 평균 온도 상승폭을 1.5도 이내로 유지하자고 뜻을 모았어요. 1.5도는 산업화 이전 대비 상승폭을 말해요. 만약 온도 상승을 1.5도로 제한하지 못하면, 지구는 되돌릴 수 없는 상태에 빠질 수 있어요. 그만큼 문제가 매우 심각해요. 다음 표는 지구의 온도가 지금보다 1.5도와 2도 상승할 경우를 예측한 내용이에요.

과학 잡지 〈네이처〉는 2028년에 지구 온도 상승폭이 1.5도에 도달

단위: 백만 명

지표	1.5도 상승		2도 상승	
	노출 인구	취약 인구	노출 인구	취약 인구
폭염	3,960	1,187	5,986	1,581
물 부족	3,340	496	3,658	586
거주지 감소	91	10	680	102
농작물 변화	35	8	362	81

출처: 기후 변화에 관한 정부 간 협의체(IPCC), 2018년

|기온 상승에 따른 위험 노출 인구와 취약 인구|

한다고 예측했어요. 그런데 2024년 세계기상기구(WMO)가 발표한 보고서에는 지구 평균 온도가 산업화 이전보다 이미 1.54도 상승했다고 나왔어요. 과학자들이 마지노선으로 정한 '1.5도'를 넘어선 거예요. 지구 온도가 1.5도를 지속적으로 넘어서면, 지구 생태계는 회복 불가능한 상태에 빠질 수 있어요.

더위 자체도 큰 문제지만, 그보다 더 큰 문제는 식량 부족이에요. 생체 의학자 시어도어 C. 듀머스는《내일은 못 먹을지도 몰라》에서 2050년을 기점으로 바나나 생산량이 80퍼센트 이상 감소하고, 초콜릿의 주원료인 카카오나무는 10퍼센트만 남는다고 예측했어요. 더위와 가뭄으로 농작물이 타 죽고, 사막화로 농사지을 땅이 줄어들 가능성이 크기 때문이에요. 게다가 기온 상승으로 곤충이 늘어나 농작물 피해도 더욱 심각해질 거예요.

2017년 국제 학술지 〈미국국립과학원회보〉는 지구 평균 기온이 1도 오를 때마다 세계 밀 생산량은 평균 6퍼센트, 쌀은 3.2퍼센트, 옥수수는 7.4퍼센트, 콩은 3.1퍼센트 감소한다고 예측했어요. 한국은 상황이 더 심각해요. 우리나라 평균 기온은 지난 100년 동안 1.8도 상승했는데, 이는 세계 평균 기온 상승률보다 2.4배 빠른 수치예요. 농촌진흥청은 가뭄과 기상 이변으로 쌀 생산량이 매년 감소해, 2090년에는 1990년대보다 40퍼센트 줄어들 것이라고 전망했어요. 많은 학자가 기후 변화로 인류 역사상 최악의 식량 위기가 닥쳐올 것이라고 경고해요.

갈등을 부르는 기후 변화

기후 변화는 식량, 수자원, 에너지 등 생존과 번영에 꼭 필요한 자원에 악영향을 주면서 갈등을 유발해요. 식량난, 식수난, 에너지 부족이라는 삼중고는 국가 내부 분쟁을 부추길 수 있죠. 실제로 소말리아는 2017년 극심한 가뭄으로 수자원 고갈, 식량 생산 감소, 에너지 부족이 심각해지자 내전이 길어졌어요.

극단적인 기후 환경은 갈등과 분쟁을 더욱 부추기고, 그 결과 많은 난민이 생기죠. 수단 서부 다르푸르 지역은 사막화 때문에 민족 갈등

이 일어났어요. 가뭄이 계속되면서 아랍계 유목민들은 가축을 먹일
풀을 찾아 농민들의 거주 지역으로 이동했고, 아프리카계 농민들은
이를 막으려다 물리적 충돌이 벌어졌어요. 물과 자원을 둘러싼 갈등
이 아랍계 유목민과 아프리카계 농민 간의 내전으로 이어진 거죠.

2014년 유럽을 휩쓴 난민 사태도 기후 변화와 무관하지 않아요.
시리아는 3년간 극심한 가뭄을 겪으면서 농촌 경제가 무너지자, 농
촌 인구가 대거 도시로 몰리면서 사회가 불안해졌어요. 기후 변화가
내전의 직접적인 원인은 아니었지만, 갈등을 불러일으킨 배경 중 하
나였죠. 결국 수십만 명의 시리아 난민이 지중해를 건너 유럽으로
이주했어요.

국제이주기구는 2009년 기후변화협약 당사국총회에서 "2050년에

| 바다에 잠겨 가는 투발루 |

는 최대 10억 명의 기후 난민이 발생할 수 있다"고 경고했어요. 기후 난민은 물과 식량을 찾아 어쩔 수 없이 살던 곳을 떠나는 사람들을 말해요. 가뭄, 사막화뿐만 아니라 해수면 상승, 홍수, 태풍, 폭설, 한파, 대기오염 등 다양한 자연재해로 삶의 터전을 잃은 사람들이에요. 특히 난민은 주로 가난한 개발도상국에서 발생하죠.

해수면 상승은 빙하가 녹아 바닷물 양이 늘어나면서 발생해요. 호주 북동부에 위치한 투발루는 해발 고도*가 가장 높은 곳이 4미터에 불과한 작은 섬나라예요. 1999년부터 바닷물에 섬이 잠기기 시작

해발 고도 바다의 평균 수면을 기준으로 측정한 높이예요. 예를 들어, 해발 고도 4미터는 바다 수면보다 4미터 더 높은 곳을 뜻해요.

하자, 주민들은 기후 난민이 되어 고향을 떠나야 하는 상황에 처했어요. 지구 온난화가 계속될수록 문제는 더 심각해질 거예요.

전 세계 인구의 40퍼센트가 해안에서 100킬로미터 이내에 살고, 약 1억 명이 해발 고도 1미터 이하 지역에 거주해요. 2020년 8월 기준, 지구 평균 해수면은 1880년 이후 약 20센티미터 상승했어요. 유엔 사무총장 안토니우 구테흐스는 해수면 상승으로 전 세계 저지대 해안에 사는 약 9억 명이 위험에 처할 수 있다고 경고했지요.

새로운 영토 분쟁

산맥과 강, 호수마저 싸움의 장으로 바뀔 가능성이 커요. 이미 강과 호수를 사이에 둔 이웃 나라들이 물을 둘러싸고 갈등하고 있어요. 지하수가 있는 암반층을 놓고 다투기도 하죠. 기후 변화가 심각해질수록 이런 갈등은 더 깊어지고 잦아질 거예요. 빙하가 녹을수록 과거에 정한 국경선이 모호해지거든요.

대부분의 국경선은 지형을 따라 그어졌어요. 큰 강, 산맥, 해협 등이 사람들의 생활 영역을 나누었고, 시간이 흘러 민족과 국가의 경계로 자리 잡았죠. 그런데 기후 변화로 자연 국경인 강과 산맥이 흐릿해지면서 새로운 갈등이 생기고 있어요.

덴마크령 그린란드와 캐나다령 엘즈미어섬 사이에 한스섬이 있어요. 이 섬은 그린란드와 엘즈미어섬 사이에 놓여 있어 1971년부터 영유권 분쟁에 휘말렸어요. 한스섬이 북대서양과 태평양을 잇는 '북극항로'의 주요 구간이자, 다이아몬드 같은 자원이 묻혀 있는 곳이기 때문이에요. 더구나 기후 변화로 주변 빙하가 녹으면서 섬의 가치가 급등했지요. 2005년에는 덴마크와 캐나다가 한스섬이 자국 영토라고 주장하는 광고 경쟁을 온라인상에서 벌였어요.

한편, 인도양의 섬나라 몰디브는 다른 위기에 처해 있어요. 넓은 바다를 끼고 있지만, 해수면 상승으로 암초와 섬들이 물에 잠길 위

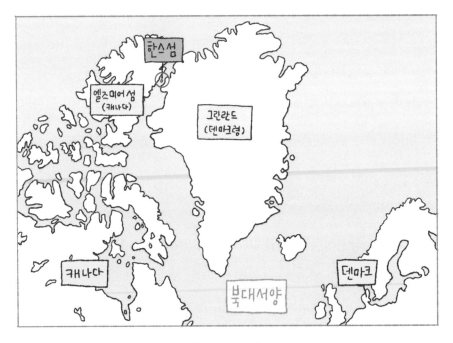

|한스섬 위치|

험에 놓였어요. 만약 주변 섬들이 물에 잠기면 강대국들이 몰디브 주변 바다를 공해로 간주해 분쟁이 일어날 가능성이 커요. 공해(公海)란 어느 나라에도 속하지 않고 모든 나라가 함께 사용하는 바다를 말해요. 지구 온난화에 책임이 큰 선진국들은 해수면 상승으로 생겨날 난민 문제에는 관심이 없고, 오직 공해를 차지하는 데에만 혈안이에요.

미래에는 기후 변화로 지구상에 인간이 살 수 있는 지역이 크게 줄어들 거예요. 폭염, 화재, 가뭄, 홍수 등 극단적인 기후 변화가 전 세계에 영향을 미치겠지만, 특히 남반구와 적도 부근에는 더 큰 피해를 줄 거예요. 다국적 기후 단체인 세계기상특성(WWA)에 따르면, 2024년 서아프리카 폭염의 주요 원인은 지구 온난화였어요. 기온 상승으로 폭염 빈도가 10배 이상 늘었어요. 적도 부근은 사실상 사람이 살기 어려운 곳이 될 거예요. 아시아, 아프리카, 라틴아메리카, 오세아니아 등 인구가 많은 지역은 아예 거주가 불가능하거나 1년 중 일정 기간만 거주할 수 있을지도 몰라요.

국제이주기구는 2050년까지 최대 15억 명이 자신이 태어난 고향을 떠나야 할 것이라고 추정했어요. 다른 연구에서는 2070년까지 최대 30억 명이 기후 이주를 할 것으로 보았죠. 결국 영토를 둘러싼 갈등이 커질 가능성이 높아요.

세계기상기구는 2100년에는 지구의 평균 기온이 3~5도 상승할 것

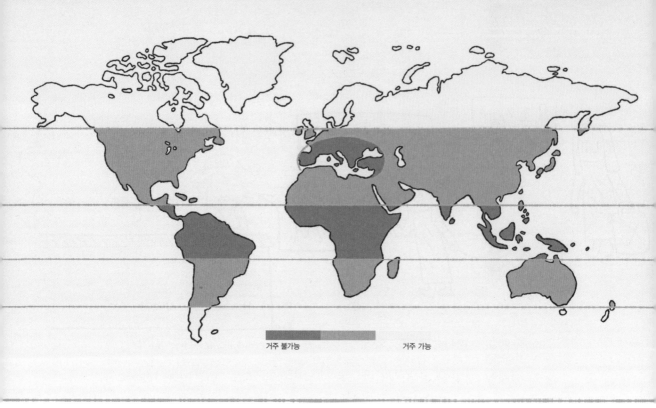

거주 불가능		거주 가능

|지구의 평균 기온이 4도 상승했을 때 거주 가능한 지역|

이라고 예측했어요. 이 경우 인간이 거주할 수 있는 지역은 캐나다,
알래스카, 시베리아, 북유럽 등 북위 45도선 북쪽 지역뿐이에요. 이
지역은 평균 기온이 약 13도여서, 지구 온난화의 피해가 심한 다른
지역보다 기후가 비교적 온화하거든요.

결국 미래에는 내륙 지역, 호수 주변, 고지대, 북위도 지역만이 안
전한 거주지가 될 거예요. 많은 사람이 이곳으로 몰리면, 또다시 새
로운 갈등과 다툼이 일어날 수밖에 없어요.

분쟁을 넘어서

#국제법 #르완다의오늘 #화해와공존 #평화

분쟁이 남긴 상처

"전쟁에서 누가 이겼느냐고 묻는 것은 지진에서 누가 이겼느냐고 묻는 것과 같다." 미국 국제정치학계 거목으로 꼽히는 케네스 월츠가 한 말이에요. 전쟁이 아무 도움도 되지 않는다는 뜻이에요. 전쟁에서 누가 이겼냐는 질문은 바보 같은 물음일 뿐이죠. 프란치스코 교황 역시 "전쟁은 광기입니다. 전쟁은 언제나 패배만 남깁니다. 언제나 패배만 남길 뿐입니다."라고 말했어요.

누가 피해를 볼까요?

옛날에는 전쟁터에서 싸우는 병사들이 주로 목숨을 잃었어요. 그러나 지금은 군인뿐 아니라 민간인도 많이 희생돼요. 무기가 발달한 탓에 미사일이나 전투기로 후방을 공격하면 병원, 학교, 주택 같은 민간 시설이 무방비로 피해를 보기 때문이에요. 분쟁으로 사망한 민간인의 비율이 점점 증가하고 있어요. 1900년부터 1990년까지 군인 사망자는 4,300만 명이었고, 민간인 사망자는 6,200만 명이었어요. 이 시기 모든 전쟁 사망자의 75~90퍼센트가 민간인이었어요.

민간인 사망자는 폭격 같은 직접적인 공격으로 발생하기도 하지만, 전쟁이 가져온 부수적인 피해로도 생겨요. 전쟁이 길어지면 병원과 학교가 파괴되어 사회가 제대로 기능하지 않아요. 음식을 구하기도 어려워 영양실조에 걸리는 사람도 늘어나죠. 깨끗한 물이 부족하고 비위생적인 환경 탓에 전염병이 생기기도 해요. 유엔개발계획(UNDP)에 따르면, 2021년 말 기준 예멘 내전으로 약 37만 7,000명이 목숨을 잃었어요. 그중 40퍼센트인 15만 명은 전투나 공중 폭격 같은 직접적 폭력으로 사망했고, 나머지 60퍼센트는 질병이나 굶주림 때문에 사망했어요.

세계식량계획(WFP)에 따르면, 2023년 2월 기준으로 극심한 식량 불안정을 겪는 사람이 79개국 3억 4,900만 명에 달해요. '극심한 식량 불안정'은 적절한 음식을 섭취하지 못해 당장 생명이 위험한 상태를 말해요. 그 원인은 증가하는 분쟁에 있어요. 기아에 시달리는 사람 대부분은 분쟁 지역에 살거나 분쟁 때문에 고향을 떠난 난민이에요. 분쟁 지역은 논밭이 황폐해져 농사를 짓기 어려워요. 국제 구호 단체가 도움을 주려 해도 접근이 힘들지요. 전투 중이라서 접근 자체가 위험하거나 강대국의 압력으로 구호 활동이 제한되기 때문이에요.

약자인 어린이와 여성

제 아이들이 커서 어린 시절을 어떻게 기억할지 모르겠어요. 잔해 더미가 널린 등굣길에서 비틀거리며 넘어졌던 순간들, 아무것도 먹지 못한 채 빈속으로 잠들어야 했던 날들, 아니면 폐허가 된 마을을 기억할지도 모르겠습니다.

시리아 내전을 겪은, 네 자녀를 둔 아버지가 한 말이에요. 전쟁은 특히 힘없는 아이와 여성에게 큰 고통을 안겨요. 유엔난민기구 보고서에 따르면 2022년 기준으로 전체 난민의 약 41퍼센트는 어린이였고, 약 51퍼센트는 여성과 소녀였어요.

많은 어린이가 분쟁으로 목숨을 잃거나 부상을 당해요. 유엔 자료에 따르면, 2005년~2016년 동안 세계 25개 분쟁 지역에서 숨지거나 영구적인 장애를 갖게 된 어린이가 최소 7만 명에 이른다고 해요. 영양실조에 걸리는 경우도 많고, 학교에 가지 못하거나 밖에서 뛰어 놀지도 못해요. 이뿐만이 아니에요. 소년병이라는 말을 들어 봤나요? 전쟁에 동원되는 어린이를 말해요. 2019년, 미국 하버드 대학교 분쟁 연구소는 전 세계 90여 개국에서 무려 30만~50만 명의 아동이 전쟁터로 내몰리고 있으며, 이 가운데 3분의 1이 소녀라고 보고했어요.

그들은 우리에게 총 쏘는 법, 사람의 심장과 발을 겨누는 법을 가르쳤습니다. 싸우러 나가기 전에 하얀 가루가 섞인 밥과 빨간 가루가 섞인 소스를 먹어야 했습니다. 주사도 맞았습니다. 저는 세 번이나 맞았어요. 주사를 맞고 가루 섞인 밥을 먹으면 저는 모터가 달린 사람처럼 변했습니다. 무슨 일이든 할 수 있을 것 같았어요. 적들은 개처럼 보였고, 제 머릿속에는 온통 그들을 쏴야 한다는 생각뿐이었습니다.

아프리카 말리 세구아에서 포로로 잡힌 한 소년병의 증언이에요. 증언에 등장하는 가루와 주사는 마약이에요. 유엔은 소년병 징집을 막기 위해 소년병 금지 조약을 체결했어요. 이 조약이 발효된 2002년

2월 이후로는 최소 18세 이상이어야 전쟁에 참전할 수 있어요. 이를 어기면 국제법 위반이에요. 유엔은 소년병을 징집하는 정부와 무장 단체를 매년 공개하고, 해당 국가나 단체에 다양한 방법으로 압력을 가해요. 그러나 여전히 여러 나라에서 소년병을 징집해요.

한편, 남성들이 전쟁터에 나가서 싸우는 동안 여성들은 가족의 안전을 책임지고 음식을 구해 먹이죠. 전쟁 중에는 여성을 납치해 사고팔거나 성 노예로 삼는 비극도 자주 발생해요.

난민

전쟁은 집, 학교, 병원 같은 일상의 기반을 무너뜨리고 삶을 파괴해요. 전쟁이 일어나면 두 가지 선택만 할 수 있어요. 위험을 감수하고 그곳에 남을 것인지, 아니면 모든 것을 버리고 떠날 것인지요. 결국 살아남으려면 떠나는 수밖에 없어요. 바로 난민이 되는 거예요.

현재 세계 인구 100명 중 1명 이상이 난민이에요. 2023년 유엔난민기구 보고서에 따르면 전 세계 난민은 1억 1,731만 명이었어요. 이는 약 4,250만 명이었던 2011년보다 두 배 이상 증가한 수치예요. 난민 규모를 집계하기 시작한 지난 70년 이래 최대 규모예요. 2022년에는 러시아가 우크라이나를 침공하면서 난민이 급격히 늘었어요.

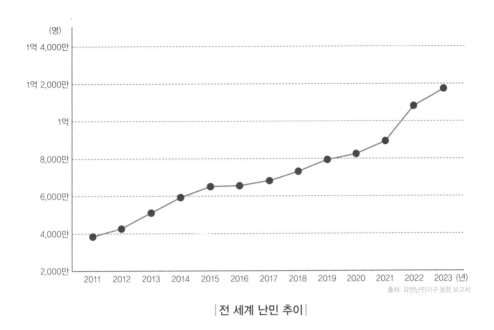

|전 세계 난민 추이|

출처: 유엔난민기구 동향 보고서

2010년 이후 난민과 실향민이 가장 많이 발생한 나라는 우크라이나, 시리아, 아프가니스탄, 남수단 등이에요. 모두 전쟁을 겪고 있는 나라죠. 베네수엘라도 많은 난민과 실향민이 생겨났어요. 전쟁은 없었지만, 정치 불안과 극심한 경제난 때문에 약 700만 명이 베네수엘라를 떠났어요. 한편, 엘살바도르, 과테말라, 온두라스 등 중앙아메리카 국가에서는 폭력과 살인 같은 심각한 범죄가 만연해 난민이 발생하고 있어요. 이들은 더 안전한 곳을 찾아 멕시코를 거쳐 미국으로 향하지만, 이 과정에서 미국 정부와 멕시코 정부, 난민들 간의 갈등이 심화되고 있어요. 미국은 멕시코 국경을 무단으로 넘는 불법 이주민 문제로 어려움을 겪고 있고, 멕시코도 자국에 머무르는 난민들로 골머리를 앓고 있어요.

유엔난민기구에 따르면, 2000년~2017년 동안 우리나라의 난민 인정률은 3.5퍼센트에 불과했어요. 난민 신청자 100명 중 3명만이 난민 지위를 인정받은 셈이에요. 반면, 경제협력개발기구(OECD) 회원국 평균 인정률은 24.8퍼센트였어요. 독일은 약 68만 명으로 가장 많은 난민을 받아들였고, 튀르키예는 88.1퍼센트로 가장 높은 난민 인정률을 기록했어요. 미국과 캐나다도 난민 인정률이 40퍼센트를 넘었죠. 이렇게 보면 우리나라의 난민 인정률은 매우 낮아요.

어떤 사람들은 난민이 들어오면 범죄가 증가한다고 걱정해요. 하지만 실제로는 난민 때문에 범죄가 늘어나지는 않아요. 난민도 이전에는 교사, 요리사, 기술자, 언론인 등 평범한 사람이었어요. 원래부터 범죄자가 아니었고, 난민이 되었다고 해서 갑자기 범죄자가 되는 것도 아니에요.

2011년부터 2020년까지 10년 동안, 인구 10만 명당 범죄로 붙잡힌 외국인의 비율은 내국인의 절반 수준에 불과했어요. 객관적인 사실과 달리 사람들은 난민을 포함한 외국인 범죄율이 높다고 오해해요. 이는 언론이 특정 사실을 부각해서 보도하기 때문이에요. 뉴스 제목에 "외국인 또 흉기 난투극" 같은 자극적인 말을 쓰고 '또'라는 단어를 사용하니, 사람들은 외국인 범죄가 자주 발생한다고 오해하게 돼요.

난민 수용에 반대하는 사람들이 자주 내세우는 논리 중 하나는 난민에게 생필품과 주택, 생활 서비스 등을 지원하면 국가 경제에 부담이 된다는 거예요. 정말 그럴까요? 유럽연합(EU) 집행위원회 발표에 따르면, EU 회원국의 난민 수용 부담은 국내 총생산(GDP)의 0.1~0.6퍼센트 수준에 불과했어요. 이는 국가 경제에 큰 영향을 미치지 않는 수준으로, 유럽 각국이 충분히 감당할 만한 정도였죠. 경제 효과는 이떨까요? 프랑스 국립과학연구센터에 따르면, 난민 유입으로 1인당 국내 총생산이 증가했고 세수＊도 약 1퍼센트 늘어났다고 해요. 난민이 고령화로 부족해진 산업 인력을 메우고, 내국인이 꺼리는 업종에 종사한 결과예요.

세수(稅收) 국민에게서 세금을 징수하여 얻는 정부의 수입을 뜻해요.

평화롭게 살고 싶어요

지금까지 세계 각국의 분쟁에 대해 알아보았어요. 처음 들어 본 분쟁도 있었을 거고, 익숙한 분쟁도 있었을 테죠. 하지만 전쟁을 막거나 끝내기 위한 노력에 대해서는 거의 모를 거예요. 학교와 언론에서 평화보다 전쟁을 더 다루기 때문이에요. 이제부터는 전쟁보다 평화에 더 관심을 기울이고, 평화를 이루기 위한 노력에 힘써 볼까요?

평화를 향한 국제 사회의 노력

국제 사회는 평화를 이루기 위해 여러 노력을 해요. 첫 번째는 '조약'과 '국제 관습법'이에요. 조약은 국가 간의 약속이에요. 조약을 체결한 국가는 이를 지킬 의무가 있죠. 협약, 협정, 합의서, 의정서 등 여러 형태로 체결하는데, 그중 '유엔 헌장*'이 가장 대표적이에요. 그런데 조약 체결에 참여하지 않은 국가는 이를 지킬 의무가 없어서 효력이 제한적이에요. 그래서 '국제 관습법'이 중요해요. 국제 관습법은

유엔 헌장 유엔의 설립과 운영에 관한 기본 법규예요. 세계 평화를 지키고, 국제 협력을 강화하기 위해 만들었어요.

조약처럼 공식적인 약속은 아니지만, 오랫동안 국제 사회에서 형성된 관행을 국제법으로 인정하는 거예요. 동의하지 않은 국가도 예외는 아니에요.

국제 관습법을 따르지 않으면 어떻게 될까요? 국제기구의 제재를 받을 수 있어요. 1945년 제2차 세계 대전 이후 창설된 유엔은 대표적인 국제기구로, 평화를 유지하는 데 큰 역할을 해 왔어요. 1990년 이라크와 쿠웨이트 간 전쟁에서 유엔은 34개국이 참여한 다국적군을 조직해 쿠웨이트를 지원했고, 결국 쿠웨이트가 전쟁에서 승리했지요.

두 번째는 '중재'예요. 핀란드, 노르웨이, 스웨덴 같은 북유럽 국가들은 평화 회담을 주선하고 지원하여 맞서 싸우는 당사국들이 마주 앉아 대화로 갈등을 풀 접점을 찾도록 돕지요. 중재는 무력 충돌을 피하고 갈등을 평화적으로 해결하는 데 매우 중요해요. 이러한 북유럽 국가들의 노력은 국제 사회에서 널리 인정받고 있어요.

역사에는 중재를 통해 갈등을 해결한 사례가 많아요. 감정의 골이 깊어 대화가 어려울 때 중재를 통해 대화의 물꼬를 틀 수 있어요. 1846년에 체결된 '오리건 조약'으로 미국과 캐나다는 북위 49도의 국경선을 정했어요. 하지만 국경선을 둘러싼 갈등이 완전히 사라진 것은 아니었어요. 조약을 채결한 지 13년이 지난 1859년 6월 15일, 미국 시애틀과 캐나다 밴쿠버 사이에 위치한 산후안 제도에서 갈등이

나시 불거졌어요.

미국과 당시 캐나다를 식민 지배하던 영국은 산후안 제도의 영유권을 주장하며 대립했어요. 이런 탓에 이곳에는 미국인과 영국인이 뒤섞여 살고 있었죠. 어느 날, 미국인 농부가 자신의 감자밭을 파헤치는 영국인 소유의 돼지를 총으로 쏴 죽이자, 이를 계기로 양국이 군대를 파견했어요. 작은 섬에서 12년간 약 3,000명의 군인이 대

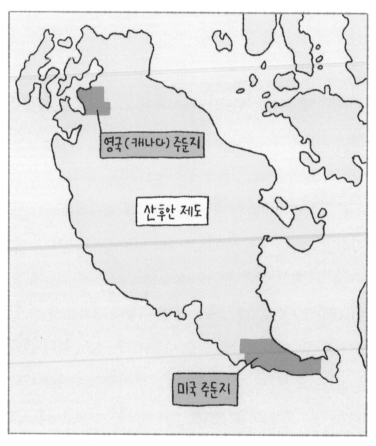

| 미국과 캐나다 사이에 있는 산후안 제도 |

치하는 상황이 이어졌죠. 1872년, 독일 황제 빌헬름 1세가 중재에 나서 갈등이 해결되었고, 산후안 제도는 미국 영토로 확정되었어요. 다행히 실제 전투는 벌어지지 않았고, 유일한 피해는 돼지 한 마리였지요. 그래서 이 사건을 '돼지 전쟁'으로 부르기도 해요.

세계 평화와 우리의 평화는 결코 분리될 수 없어요. 세계가 평화로워야 우리 삶도 평화로워요. 우리는 운명 공동체예요. 그렇기 때문에 어떤 상황에서도 전쟁을 막기 위해 최선을 다해야 합니다. 이미 벌어진 전쟁은 가능한 한 빨리 끝내는 것이 바람직해요. 무기를 지원하기보다는 평화를 중재하기 위해 온 힘을 다해야 해요.

화해와 공존, 당사자들의 노력

학살로 시작된 르완다 내전은 결국 투치족의 승리로 끝났어요. 전쟁이 끝난 후, 르완다는 복수보다 치유를 선택했어요. 2001년부터 약 200만 명의 후투족 가해자가 사법부의 법정이 아닌, 르완다판 원님 재판[*]이라 불리는 '가차차'에서 처벌을 받았어요. 가차차는 공터나 마을 회관에서 마을 어른이 주재하는 간이 재판이에요. 집단 학

원님 재판 조선 시대 지방 행정관인 원님이 마을에서 발생한 소송이나 분쟁을 간단하고 신속하게 해결하기 위해 진행한 공개 재판이에요.

살에 가담한 사람은 저지른 죄에 비해 비교적 가벼운 징역 15년 정도의 처벌을 받았어요. 수많은 가해자를 전부 사형이나 중형에 처하는 일이 현실적으로 불가능한 데다, 또 다른 복수극이 벌어질 것을 우려했기 때문이에요. 르완다 사회가 선택한 화해의 방법이었죠.

'은두무니아 르완다'라는 말이 있어요. "나는 르완다인이다"라는 뜻이에요. 이제 르완다에서는 "너 투치야, 후투야?"라고 묻는 사람이 없어요. 어떠한 이유로든 종족을 확인하고 구분하는 일이 법으로 엄격히 금지되어 있거든요. 이를 어기고 종족 혐오를 조장하는 행동을 하면 5년에서 최대 9년의 징역형에 처할 수 있어요. 설사 그런 질문을 받더라도 사람들은 "은두무니아 르완다"라고 답해요. 르완다인의 공존법이지요.

평화란 사람을 구분하지 않고 차별하지 않으며 증오의 말을 내려 놓는 일에서 시작해요. 평화롭게 지내려면 함께 살아가는 법을 배워야 해요. 그런데 '함께 산다'는 게 뭘까요? 자기와 비슷한 사람이나 좋아하는 사람하고만 어울려 사는 걸까요? 아니에요. 세상에는 나와 다른 사람이 많아요. 심지어 내가 싫어하는 사람도 있어요. 결국 함께 산다는 건 모습과 생각이 다른 사람, 나아가 좋아하지 않는 사람과도 공존하는 일이에요. 다른 것을 틀린 것으로 낙인찍지 말고, 자기보다 힘이 약해 보인다고 함부로 대해선 안 돼요.

1990년, 미국의 우주선 보이저 1호는 지구에서 60억 킬로미터 떨어진 곳에서 지구를 촬영했어요. 이 사진은 〈창백한 푸른 점〉이라고 불리죠. 당시 미국 천문학자 칼 세이건은 보이저 1호의 카메라를 지구 쪽으로 돌리도록 나사(NASA)를 설득했어요. 그는 그렇게 먼 곳에서 지구를 찍은 이유에 대해 "광활한 우주에서 지구가 얼마나 작은 존재인지 보여 주고 싶었다"고 말했어요. 칼 세이건은 사진에 대해 이렇게 설명했어요.

저 점이 우리가 사는 이곳입니다. 우리의 집이자 우리 자신입니다. 당신이 사랑하는, 당신이 아는, 당신이 들어 본, 또 세상에 존재했던 모든 이들이 저 작은 점 위에서 살았습니다. 인류 역사에서 인간이 경험한 모든 기쁨과 고통이 저 점 위에 존재했고, 수

출처: 위키피디아

|창백한 푸른 점|

많은 종교와 이념이 저 위에 있었습니다. 그 영광과 승리를 위해 수많은 사람이 흘린 피의 강을 생각해 보십시오. 너무 작아 구분하기도 어려운, 점의 한쪽 구석에 살던 사람들이 다른 한쪽 구석에 살던 사람들에게 가한 끝없는 잔인함을 떠올려 보십시오. 우리는 얼마나 자주 서로를 오해합니까? 또한 서로를 죽이지 못해 안달인가요? 증오와 미움은 또 얼마나 큽니까? 우리의 가식, 우리의 엄청난 자만, 우리가 우주에서 특별한 위치를 차지하고 있다는 환상은 사진 속 저 희미한 빛으로 인해 흔들리고 있습니다.

우리는 한 점도 안 되는 지구에서 찰나를 살다가 다시 먼지로 돌아가요. 그런데도 너와 나를 나누고 우리와 그들을 가르며 서로를 잡아먹지 못해 안달이죠. 오늘도 지구 어느 곳에서는 총알이 오가고 폭탄이 터졌을 거예요. 민족, 종교, 정치가 달라서 수많은 사람이 오늘도 목숨을 잃었어요. 푸른 별에서 태어나 푸른 꿈을 펼쳐 보기도 전에 이슬처럼 스러져 간 아이들도 있죠. 오해와 미움, 갈등은 우리의 존재가 광활한 우주 속에서 티끌 중의 티끌일 뿐이라고 생각할 때 비로소 누그러지지 않을까요? 저 작은 점에는 국경선이 보이지 않아요. 만리장성도, 마천루도 보이지 않고요. 지난날의 영광도, 오늘날의 부귀도 무의해 보여요.

전쟁 말고 평화

필리핀에는 마르코스라는 독재자가 있었어요. 마르코스는 1965년부터 1986년까지 20년 동안 권력을 누렸어요. 1972년부터는 군사 계엄령을 선포해 국민을 억압했어요. 1986년 대통령 선거에서 패배하자 선거 결과를 조작했지요. 이에 화가 난 필리핀 국민이 거리로 나와 시위를 벌였어요. 이 시위는 '피플 파워(People Power)', 우리말로 '시민의 힘'으로 불렸어요. 결국 마르코스는 권좌에서 쫓겨나고 새로운 대통령이 취임했어요.

만약 독재자를 쫓아내기 위해 내전이 일어났다면 어떻게 됐을까요? 반란군의 우두머리가 새로운 권력자가 되고, 그의 결정에 따라 민주주의가 좌우되었을 가능성이 커요. 아마도 또 다른 독재가 시작됐겠죠. 우리나라는 이미 그런 일을 경험했어요. 4·19혁명으로 이승만이 물러나자, 박정희가 군사 쿠데타를 일으켜 또 다른 독재를 이어 갔어요.

현재 우리나라는 북한과 휴전 상태에 있어요. 전쟁이 끝난 것이 아니라 잠시 멈춘 상태죠. 한국 전쟁으로 450만 명이 목숨을 잃었고, 70년이 지난 지금도 남북은 여전히 무기를 겨누고 있어요. 언제 다시 시작될지 모를 전쟁에 대비해 군사력을 키우는 데 집중할 수밖에 없어요.

우리나라 군사력은 세계 5위예요. 미국, 러시아, 중국, 인도 다음이에요. 국방 예산도 세계 10위 수준으로, 2023년 기준 57조 1,268억 원이었어요. 반면, 통일부 예산은 1조 4,520억 원에 불과했죠. 만약 매년 57조 원씩을 국민 복지에 썼다면 우리나라는 이미 복지 선진국이 되었을 거예요.

우리나라는 평화로 전쟁을 막기보다는 무기로 전쟁을 막으려는 나라에 더 가까운 것 같아요. 로마의 군사 전략가 베게티우스는 "평화를 원하거든 전쟁을 준비하라"고 했어요. 이는 강한 군사력만이 평화를 지켜 준다는 뜻이에요. 우리나라가 그렇게 하고 있죠. 그러나 우리는 "평화를 원하거든 전쟁을 중단하라" "평화를 원하거든 대화를 시작하라"고 말해야 해요. 소설가 헤르만 헤세는 이렇게 말했어요. "전쟁은 우리에게 한 가지를 확실히 말해 준다. 사랑은 증오보다, 이해는 분노보다, 평화는 전쟁보다 훨씬 고귀하다는 사실이다." 그렇기에 우리는 평화를 이루는 길을 찾아야 해요.

우리가 할 수 있는 일

전쟁을 막거나 끝내기 위해 우리는 무엇을 할 수 있을까요? 어리고 힘없는 우리도 분명히 할 수 있는 일이 있어요. 우선, 일상에서 평화를 추구해야 해요. 갈등이 생기면 화를 내거나 폭력을 쓰기보다 대화로 해결하려고 노력해요. 그다음에는 세상에 관심을 가지는 거예요. 국제 뉴스를 열심히 보고 평화를 응원해야 해요. 물론 뉴스가 세상을 다 보여 주지는 않아요. 대부분의 언론은 이스라엘과 팔레스타인의 분쟁에는 주목하지만, 아프리카 콩고민주공화국 내전은 거의 다루지 않아요.

언론이 이스라엘과 팔레스타인 분쟁에 주목하는 이유는 크게 두 가지예요. 첫째는 5차 중동 전쟁이 발발할 가능성 때문이고, 둘째는 그렇게 되면 석유 파동이 재연될 수 있기 때문이에요. 1948년부터

1973년까지 이어진 중동 전쟁 동안, 아랍 산유국들이 석유를 무기처럼 활용하여 두 차례 석유 파동이 발생했어요. 그 결과 석유 가격이 급등했고, 석유 의존도가 높은 세계 여러 나라 경제에 큰 타격을 주었죠. 이 때문에 많은 서구 언론이 이 분쟁에 주목해요.

반면 콩고민주공화국 동부 지역에서는 30년째 분쟁이 이어지고 있지만 외면받고 있어요. 외세가 내전에 개입하며 600만 명이 목숨을 잃었고, 690만 명이 난민이 되었어요. 그러나 세계의 관심을 받지 못했어요. 세계는 자국의 이익과 관계없다고 여기면 철저히 외면해요.

우리는 국제 뉴스에 관심을 가지면서도 뉴스가 보여 주지 않는 세계에도 눈길을 줘야 해요. 그러다 보면 우리가 할 수 있는 일이 보일 거예요.

2003년, 미국의 평화 운동가 레이첼 코리가 팔레스타인 가자 지구로 향했어요. 팔레스타인 사람들의 비폭력 저항을 돕고 평등한 세상을 만들기 위해서였죠. 당시 23살이었던 그는 난민촌에서 집을 부수는 이스라엘군의 불도저를 맨몸으로 막다가 목숨을 잃었어요. 그의 부모님은 "신념을 갖고 살다 간 딸이 자랑스럽다"며 "그는 사랑과 의무감을 갖고 살았으며 스스로를 보호할 수 없는 사람들을 보호해 주기 위해 살았다"고 말했어요. 코리의 글을 모은 책《내 이름은 레이첼 코리》에는 이런 내용이 있어요.

나는 러시아의 끓는 물을 식힐 수 없다. 피카소가 될 수도, 예수가 될 수도 없다. 혼자 힘으로 세상을 구할 수는 없다. 하지만 설거지는 할 수 있다.

러시아의 끓는 물을 식힐 수 없다는 말은 국제적·정치적 문제를 자기 힘으로 해결하기 어렵다는 한계를 나타내요. 레이첼 코리는 자신이 세상의 모든 문제를 해결할 능력은 없지만, 작은 행동(설거지)으로 작은 변화를 시작할 수 있다는 메시지를 전해요. 우리도 평화를 위해 할 수 있는 일을 찾아볼까요? 아주 작은 일이라도 좋아요. 평화는 멀리 있는 거창한 목표가 아니에요. 서로를 이해하고 존중하는 작은 노력에서 시작하죠. 작은 노력이 모여서 더 나은 세상을 만들어 갈 수 있어요.